# 萬事好商量

## 全球最傑出的談判專家
## 教你如何得到你想要的

---

# YOU CAN NEGOTIATE ANYTHING

---

HOW TO
GET WHAT YOU WANT

HERB COHEN

｜世界頂尖談判大師、美國三任總統談判智囊｜

**賀伯·科恩**——著　陳重亨——譯

懷念我的父親

摩里斯・科恩（Morris Cohen）

他的談判策略一向是

給予遠遠多於獲得。

如此人生

自有其雄辯之術。

# 目錄

# 致謝

我們最好的想法都是來自他人的啟發。

——愛默生（Ralph Waldo Emerson）／美國思想家

這本書和其他任何一本書一樣，在出版之前都有著長期的構思和醞釀。這麼多年以來，我的一些想法也是來自許多人的啟發，再加上自己的歷練和體會。就此而言，可以誠實而準確地說，這份手稿其實從很久以前就開始了。

儘管有所歷練和思考，但接下來的內容主要來自我三十年來直接參與數千次談判的產物。在這段漫長的期間，我和官方及民間部門的許多傑出思想家和實業家合作過，從中真是獲益匪淺。

我要是不特別提到一些對我的發展有所貢獻的人們，那實在是太輕忽了。雖然他們不對我寫的內容負責，但以下諸位都讓我深深受到影響：Robert E. Alberts、Saul D. Alinsky、Renee Blumenthal、Harlan Cleveland、Michael Di Nunzio、Viktor E. Frankl、Jay Haley、Eric Hoffer、Eugene E. Jennings、George F. Kennan、Marya Mannes、Norman Podhoretz、Bill Rosen、Bertrand Russell、Arthur Sabath、Francis A. Sinatra，當然還有 Esther Greenspun。

對於另外一些對本書有影響的人，我也要表示感謝！特別是 George Elrick、Eleanor Harvie、Anita Lurie，和我最好的朋友 Larry King。我要感謝 Carole Livingston 的建議，也感謝我的出版商 Lyle Stuart，感謝他將冒險精神和耐心融為一體。

最重要的是，我要感謝我的生活伴侶、我的太太 Ellen，感謝她的參與和支持。如果沒有她，這整個事業甚至不會被考慮，更別提要完成了。

在各位繼續閱讀之前，讓我詳細說明來提醒各位注意三點。

首先，我要向讀者大眾保證，我並不以大男人沙文筆調來撰寫本書。在寫作本書的過程中，我花費無數時間來調整字句，希望可以解決英語上常見的語義偏見。

我最初是想要解決代名詞指稱導致文句讓人困惑或冗詞贅言的問題，所以讀者們可能偶爾會遇到口語上有一些性別歧視的狀況。如果發現這種狀況，懇請接受我誠摯的道歉。我當然不相信夏娃是亞當的肋骨製成，也不認為女性地位低下。在如此解放的這個時代，有些錯誤主要源自我們習以為常的母語。

第二，對於本書引用和討論的概念或想法，我一概不提供任何註釋、參考資料或技術論文做為引證和支持。因為我這本書並不是為了專家學者所編寫的學術著作，而是寫給一般平民大眾看的實用指南，旨在追求淺顯易讀。我引用的一些想法和例子，本身就能展示意義。如果不能讓大家讀出意思，就算提供神聖的註釋也沒用啊。

第三，我這本書的撰寫採用「粗筆快寫速描」，各位才不必夾纏在專業術語或法律用詞之中難以脫身。採用這種撰寫方式，是希望大家更容易理解這些廣泛適用的基本概念。另外在某些狀況下我也會一時興起，提出一些趣味好笑的建議，各位當然不該從字面上去理解。

我無意規訓大家的行為或告訴各位應該怎麼做才對。相反的，我的目標是想要幫助大家認清現實，從中找到機會。在此同時，我會指出一些大家可以選擇的選項或備選方案，破除一些僵化思考或行為上的限制或束縛。然後，諸位都能在自己感到舒適與信任的體系內，根據自己的獨特需求，有辦法得到自己想要的成果。

賀伯・科恩

於伊利諾州 諾斯布魯克

一九八〇年九月

# PART 1 是的，你可以

# 01 何謂談判？

要在荒野之中找到路徑，到達應許之地，
必須先找到談判的方法。

我們的現實世界就是一張巨大的談判桌，不管你喜歡與否，你都是個參與者。我們每個人也都會跟他人發生碰撞和衝突，無論是自家親朋好友或是外頭的銷售業務、競爭對手，或者種種具備唬人名稱的實體「機構」或「權力結構」。你的工作事業能否成功發達，甚至整個人生是否圓滿充實，就看你能不能明快處理這些遭遇。

談判需要知識也要努力，但它其實很簡單，就是要博取對方的好感，來幫助我們獲得想要的東西。

我們想要什麼東西呢？

我們什麼都想要：聲望、自由、金錢、正義、地位、愛、安全和認可。不過有些人會比大家更知道要怎麼獲得我們想要的東西。現在各位也即將成為其中一員。

傳統上，大家會以為擁有最多才能、最努力投入和受過最完整訓練的人才能獲得獎賞，而擁有優點長處和努力到最後就一定會勝利；但是，現實生活證實這種一廂情願的想法只是幻想。真正的「贏家」似乎不只需要能力，也必須展開「談判」來獲得想要的成果。

「談判」到底是什麼？談判是運用資訊和 Power[1] 來影響談判局面中的種種角力、較量行為。各位要是對此廣泛定義加以思考，就會發現無論工作或生活，其實都一直在談判。

在工作之外，我們會運用資訊和 Power 來影響誰的行為呢？其實做先生的，會跟太太談判，做太太的也會跟先生談判（希望各位的婚姻都是雙贏的合作談判）。我們對親人、朋友也會運用資訊和力量。面對要開你罰單的交通警察、不願接受你

**編註 1** 本書中 Power 一字並非僅指狹義的力量，可以視上下文譯為：力量、權力、影響力、操控力、勢力、裁制力、能力、主導力等，因此譯文會視情況保留原文。

個人支票的店家、不提供基本服務或想要租金加倍的房東、自以為提供教育就想跟你收錢的專業人士、想在你身上大撈一筆的賣車業務，或是你明明已經預訂卻推說「沒有空房」的飯店櫃台，碰上這些疑難雜症都需要談判。而有些最常發生也最讓人心煩意亂的談判，其實就是在自己家中出現，許多父母和孩子往往不知不覺就參與這些碰撞衝突。我從我的個人經驗就能為大家舉個例子。

我和我太太有三個孩子。我那個小兒子九歲時才五十磅重（不到二十三公斤），對這個年紀來說顯然體重過輕。其實他讓我們全家都感到很尷尬。我會這麼說是因為，我跟我太太都很愛吃，而且他的哥哥姊姊也是胃口好得很，結果這個小弟卻是瘦巴巴。往往就有人會說：「他從哪兒來？」或問：「這是誰家的孩子？」

我們這個小兒子自有一套避開食物供應之處的生活方式，才會變得如此消瘦憔悴。對他來說，凡是三餐、廚房、餐點、食物等等，都是褻瀆不潔的字眼。

幾年前，有一次我在外頭四處演講奔波整個星期，直到週五晚上才回到家。一個人在外當然是寂寞得很，至少我是這麼覺得，所以我就在想當晚要跟太太好好相處。等我走進家門的時候，驚訝地發現太太像個胎兒似地縮在沙發上，還吸吮著自己的大拇指。我意識到這可能是出了什麼問題，她小聲地說：「今天真是不好過！」

為了讓她擺脫鬱悶，我說：「我們為什麼不上館子吃一頓呢？」

她和兩個大孩子都說：「好主意！」

只有九歲的小兒子不同意：「我才不去什麼館子！那是吃飯的地方！」這時候我一把將他抱起，直接抬進車上。這也是一種談判方式。

等到我們進入餐館時，九歲兒子還在繼續抱怨。最後他說：「爸爸，我為什麼要跟大家一樣坐在桌邊呢？我為什麼不能待在桌子下面？」

我對太太說：「反正我們有四個人吃飯，一個躲在桌下，誰管他要幹嘛？說不定還能省點錢！」其實她一開始是反對，但我說服她說這辦法不錯。

餐點開始上桌後，剛開始的十分鐘相安無事。在第二道菜還沒來之前，我突然覺得一隻濕濕涼涼的手爬上了我的腿。幾秒鐘以後，我太太也嚇得跳起來。

我氣得伸手往桌下撈，一把抓住小傢伙的肩膀，直接摔在我身旁的座位上，低聲警告說：「坐著別動！也不要跟我、跟媽媽或跟哥哥姊姊說話！」

他回答說：「好啊！但我可以站在椅子上嗎？」

「好吧，」我讓步：「但不要再煩我們！」

二十秒後，那個瘦小子突然兩手張在嘴邊大聲叫喊：「這家爛餐廳！」

我雖然吃了一驚，但還是足夠鎮定，用力抓住他的脖子，把他塞到桌子底下，然後趕快買單結帳、付錢走人。

在回家的路上，我太太對我說：「賀伯，我想我們今晚都學到一些教訓。以後別再帶這個小怪物去餐廳了。」

我必須承認，從此之後我們再也不帶那個瘦小子進餐館。雖然只是個九歲的孩子，但他在那個場合讓大家滿臉尷尬，就是運用資訊和 Power 來影響我們的行為。跟現在很多年輕人一樣，這就是一個談判者啊！至少是打贏了他的爸媽。

我們在工作上也不斷要進行談判，雖然你不一定知道自己正在這麼做。部屬或員工也會運用資訊和 Power 來影響上級和主管的行為。比方說你有一套想法或建議，希望可以獲得上級的認可。這時候你需要做的是，把這套想法加以包裝，讓它能夠滿足上級主管的需求，同時成為貴組織當前的優先事項。有很多人雖然具備技術和專長，但是缺乏推銷想法所需要的談判技巧，結果只能怨嘆懷才不遇，只會感到挫敗而沮喪。

現在的老闆要是夠聰明，也會運用談判手段來鼓勵員工努力投入工作。所謂的「老闆」，就是雖然具備正式權威，還是要讓大家自願且樂意地盡責做事才叫厲害。

我們現在都知道，想要惡整你的老闆，最好辦法就是完全聽命、完全服從，完全照指示去做就夠了。他叫你做什麼，你白紙黑字地寫下來，問他說：「這就是你要我做的嗎？」然後按照指示徹底遵行，沒指示的就別多做。

兩個星期後，老闆會跑來對你大吼：「到底是出了什麼事？」你就可以回答他：「我哪知道！這都按照你的指示來做的嘛。」

對於這種狀況，我們給它一個名字，叫做「惡意服從」。有很多人甚至把這一套玩到成為精緻的藝術。如果各位剛好就是老闆的話，一定不希望員工只是照本宣科，完全按照指示來辦事，卻不知隨機應變吧。你會希望說，碰上一些你沒叫他做的事情，他偶爾也會願意做……常常會出現一些你沒叫他做的事，因為有很多問題根本是我們無法事先預料的。

我們不只是跟老闆或部屬談判，也要跟同等級的平輩同事談判。我們想要完成工作，就必須跟許多人合作，需要大家的支持和幫忙，而這些人在組織結構中也許並不在你之下，也各自抱著雄心壯志力爭上游。這些人或許都有不同的職務和責任，各自屬於不同的部門或學門。他們甚至可能來自各個不同的城鎮。所以你更是需要談判技巧，才能爭取到他們的支持和幫助。

我們也許要跟買東西的客人或尋求服務的客戶、銀行家、賣家、供應商，甚至是跟國稅局、勞工安全或健康管理部門等政府機構談判。我們也許是為了爭取更多預算、更大的工作空間、更高自主權、休假福利、工作地點調動或任何你認為可以滿足需求的東西來談判。我要強調的重點是，我們談判的頻率其實比你意識到的還要高得多。所以我們一定要學好談判技巧。學會這套技巧就能提升工作效率，也能進而提高生活品質。

在各位參與的每個談判、還有我參與的每一個談判，事實上，從外交的地緣政治談判到房屋買賣，這個世界的每一次談判都必定包含三個關鍵要素：

1. **資訊**。對方似乎更了解你和你的需求。
2. **時間**。你承受著組織壓力、時間限制和最後期限的約束，對方似乎沒有這些困擾。
3. **Power**。對方擁有的操控力和權威，似乎總是比你所想像得更大更多。

Power 是令人陶醉沉迷的一種才能或能力，可以搞定任何事……對內既能掌控穩住自我，對外也能有效控制一切人事物，因應不同事件或情境變化。但是Power之有無，全部都是靠感知。你要是覺得自己擁有Power，那你就真的有Power。你要是認為自己沒有，就算你其實是有，你也感受不到。簡單地說，你要是相信自己擁有權力，把生活上種種事情視為談判，就能發揮更大權力。

你能不能影響自己的生活周遭，就看你的談判能力好壞。這個能力會讓你感覺自己可以掌控生活。這不是要花招靠欺騙，也不是毫無緣由地施加恐嚇。這是分析資訊、時間和Power來影響行為……滿足自己和他人的需求，就能讓事情按照你所希望的方式去發展。

其實談判的技藝並非現在才有。根據我的定義，歷史上有兩位最偉大的談判者，在兩千多年前就出現。這兩個人在他們的時代甚至也都不是當權者和主流派。這兩個人都沒有官方的正式權威，但是都能發揮自己的力量。

這兩個人穿著破舊，到處問問題（才能蒐集各種資訊），一位採用三段論法，另一位擅長運用寓言。他們都有自己的目標，設置各種標準。他們都願意冒險，但自身處境都在自己的掌控之中。他們的死亡方式和地點，都是自己的選擇。而且他們透過自身的死亡，獲得追隨者的支持與奉獻，進而改變世界的價值體系。事實上，現在有很多人在日常中，就是按照他們這一套價值觀在生活。

當然，我以上所說的兩位，正是耶穌基督和蘇格拉底。根據我的定義，他們就是談判者。他們是力求雙贏的道德談判者，也是真正有Power的人。事實上，他們著意用心的協調方法，就是我這本書要傳授給各位的。

**〔談判提醒〕**

- 談判其實很簡單，就是要博取對方的好感，幫助我們獲得想要的東西。
- 滿足自己和他人的需求，就能讓事情按照你所希望的方式去發展。
- 相信自己擁有**Power**，把生活上種種事情視為談判，就能發揮更大**Power**。

# 02 萬事萬物幾乎都可以談判

掛在上頭的價目牌，可不是上天的指示。

資訊、時間壓力和我們感受到的Power，通常就是造成你滿意或挫敗的差別。

我用一個假設狀況跟大家說明。有一天早上你醒來，打開冰箱想喝杯牛奶。你想直接喝掉大半杯的牛奶，剩下一點點就倒進咖啡裡。當你打開冰箱拿出牛奶瓶，發現它異常地濕涼。你後退一看，這時注意到地上有一灘水。你找伴侶來看看是什麼情況，她為你的問題給了個技術性的答案：「冰箱壞啦！」

你回答說：「我想我們要買一台新冰箱吧。我們找個『不二價店』（one-price store），省得麻煩。」因為孩子還小，不能讓他們留在家裡，所以你叫大家：「快上車！我們去買冰箱。」在路上你開始討論現金流的問題。因為你現在手頭不太寬鬆，所以你決定這次採購花費不要超過四百五十美元。也就是說，此時你心中已經有個明確目標。

你找到不二價店，例如：西爾斯（Sears）、華德（Ward's）、金寶（Gimbel's）、馬歇菲德（Marshall Field's）、梅西（Macy's）、赫德遜（Hudson's）或其他什麼地方。為了敘述方便，我們就說是在西爾斯商店吧。你輕鬆愉快走向大型家電區，一幫家眷緊跟在後。你迅速掃視眼前冰箱，發現有一款似乎可以滿足你的需求，而且規格大小也剛好。不過等你走近一看，才看到展示品最上頭有個牌子寫說：「特價四八九．九五美元」，比你的支票帳戶預算多了三十九．九五美元。這牌子可不是用奇異筆隨便寫上，而是編排對稱地印在昂貴的硬紙板上，看來很專業。像是天上有個什麼印表機大神的列印指示。

你出聲問說：「哈囉！你好！」有個業務員慢慢走來。

「你好……需要幫忙嗎？」

你回答說：「我想問你這台冰箱。」

他說：「喜歡這一款嗎？」

「對啊！」你承認。

他說：「很好……我來填一下訂購單。」

你趕快插話說：「不……等一下，我們先聊聊。」

他挑眉說道：「那你先跟太太商量一下，我會在五金百貨區那一邊。」然後就慢慢走開。

現在我想問各位：這次的談判會是容易還是困難？我們美國文化裡的人大概都會說很難。為什麼呢？因為其中的資訊揭示非常不平衡、時間上有明顯的壓力，還有感覺到有什麼 Power 的問題。

## 資訊

你對那個業務員或這家店的需求了解多少？業務員是領薪水或抽佣金，還是兩者都有呢？你不知道。他有沒有業務目標、銷售配額或是日期時間上的限定？這你也不知道。他這個月以來是不是過得輕鬆愉快，或者老闆警告說今天再不賣出一台冰箱就讓他「好看」？這你還是不知道。這個型號的冰箱，庫存狀況如何？它是店內的暢銷商品，現在熱賣到大家要排隊等貨，還是店經理想方設法只想趕快甩掉的滯銷品？你不知道。這款冰箱的成本細目是多少？你不知道。店家賣這款冰箱會不會賺錢？能賺多少錢？這些你通通不知道。

你對那個業務員或這家店顯然都不太了解。那麼業務員又能知道你什麼事嗎？有喔。他知道你對那台冰箱有興趣。我們平常沒事可能會在體育用品區、服裝區或音響區閒逛閒看，但你沒事不會在大型家電區走來走去。客人仔細查看冰箱，就是因為這時候需要冰箱。除了這個「既定事實」之外，業務員也知道附近還有哪些競爭對手在賣冰箱，它們現在是否推出特價，以及收費多少。

他現在雖然好像沒在注意你跟你太太，其實是豎起耳朵偷聽你們的對話。他聽到你說起舊冰箱、現金流的問題，還有，你需要一台新冰箱。你跟你太太現在說的每一句話，都會讓資訊揭示更加不平衡，也讓那個業務員更占優勢。

像這樣的小小評論：「這個顏色真是剛剛好」……「我想我們到對面的華德，也找不到這個好價格」……還有「這個冷凍庫是我看過最大的」，所以那個業務員的優勢也愈來愈大。

各位請注意，業務員從來不會直接回答你任何能提供資訊的問題。不管你問他什麼，他的回應都是反問。你要是問說：「我還沒決定要不要買。但如果我想買，你們什麼時候可以出貨？」他會回說：「你希望什麼時候送到呢？」你要是回說：「今天下午早一點到如何？」他又會說：「要這麼快嗎？」這時候你們之中的某一個可能會說：「因為我們有七十多美元的食物快要壞掉啦！」

那個業務員喜不喜歡這些資訊呢？當然喜歡！因為你在不知不覺間又把自己的最後期限暴露出來啦。

## 時間

會讓雙方資訊落差變得愈來愈大，是來自組織壓力和時間問題。跟你打交道的業務銷員似乎好整以暇，輕鬆自在。你也看不出他的組織虛實如何。那麼你的組織呢？一眼就讓人看穿，而且你們看來也不夠一致。也許太太說：「我們走吧。」但先生說：「還是待在這兒！」或者顛倒過來。

還有你帶進店裡的兩個孩子呢？他們在哪兒？他們會乖乖待在冰箱旁邊，原地休息，安安靜靜地等你買好冰箱嗎？當然不會。有個小孩正玩捉迷藏躲在冰箱裡。

「他在哪裡啊？」

「我想他是在那個黃色冰箱……門關著的那個。要是三分鐘之內不把他救出來，他會窒息的！」

另一個孩子又在哪兒？他在店裡的另一頭，拿著冰棍球棒和塑膠盤對著洗衣機和烘乾機發球。每隔幾分鐘就高喊：「快來！快來！比賽要開始了！」

當你的組織正在對你施壓的同時，家電業務員還是到處走來走去，好像他對那台冰箱賣不賣得出去完全不在意。三不五時又隨口問道：「那個，決定好了嗎？」好像他只是要去採芒果或木瓜，路過就順便問一下。

## Power

除此之外，還有Power的問題。就這個例子來說，Power正以兩種形式表現出來：

A. **先前慣例的力量**。大多數人都會認為，跟「不二價店」沒什麼好討價還價的。你要是問為什麼，他們大概會回答說：「不然怎麼會叫做不二價呢？」然後就會產生以下的因果關係：

1. 他們都以為不二價店不能討價還價……

2. 所以他們不會在不二價店討價還價……

3. 結果，他們都沒有能力跟不二價店討價還價，證明他們一開始的想法就是對的。

這正是創造出「自證預言」的典型例子。

各位是否看過有人不太敢認真地跟不二價店討價還價？如果是採用這種方法，它本身就包含著失敗的種子。業務員看到顧客走到牌子面前，不好意思地指著標價，他當然知道客人的意圖，因為這種狀況他已經碰過太多次了。但他還是希望客人自己說出來。

業務員終於問說：「有什麼問題嗎？」

顧客只是指著牌子，喃喃說道：「你知道的嘛。」

業務員說：「那個牌子有什麼問題嗎？」

顧客結結巴巴地說：「沒有啦……只是那個價……價……」

業務員裝不懂地問道：「價什麼？」顧客終於脫口而出：「價格啊！」

這時業務員裝模作樣義憤填膺地說道：「拜託！先生，我們這兒是西爾斯啊！」

這狀況如果發生在我身上，我會趕快道歉：「哎呀……真抱歉！我沒搞清楚自己在哪裡！」這時候我太太大概會轉身離開商店，還嗆我說：「以後再也不跟你出來買東西了！」不過這也不是太糟糕，因為在這個過程中我還是完成一個附帶目標啦。

有一種方法可以打破這層束縛：不要把自己極為有限的經驗，當做是宇宙間的普遍真理。它就不是啊。你要努力測試自己的假設，強迫自己走出經驗的小圈圈。你會驚訝地發現，原本許多自以為是的假設都是錯的。如此一來，就能提升你的眼界和見識。像以下打油詩的消極態度，一定要避免：

他們說這是無法完成的工作；
他三心二意地開始動手。
他要解決那個「無法完成」的工作……
不意外，當然做不到。

作為談判者要勇於承擔一些風險，擺脫過去經驗的束縛，挑戰自己的假設，提升見識和眼界，擴充自己期望的成果。

你跟你太太在商店面對四八九．九五美元的價格時，還有一種形式的Power在展現：

**B.正當性**（legitimacy）**的力量。**正當性力量來自於認知或想像的權威，通常會由某種無生命的東西做為代表，例如：標誌、表格或印刷文件，而權威往往是不受質疑的。

比方說，我現在要是建議你做某件事，你會根據自己的需求來評估我的請求。要是我的請求剛好也符合你的需求，你就可能按照我的建議來做。但現在要是有個牌子指示你做某件事，你大概就會聽命行事。我舉個例子來強調這一點。

各位要是常常外出旅行，應該都知道「假日飯店」（Holiday Inn）的登記櫃台後面有個小牌子，還有每間客房的門上也都會貼上一張更小的牌子。這兩個牌子上頭都寫著：「退房時間是下午一點鐘」。

各位認為，會有多少客人寧可忍受自己的不便，也會在下午一點之前退房呢？有人曾經問過我這個問題。我想了一下，回答說：「四〇％吧！」後來假日飯店的經理告訴我，根據飯店位置的不同，這個數字或有高低，但大約是在九〇%到九五%之間。

這個數字有沒有嚇你一跳？我真是太驚訝了！美國人的投票率，狀況好的時候才五五%，可是假日飯店按時退房的旅客，竟然高達九五%。讓人好奇的是，這些各自獨立的散客為什麼會在指定時間到飯店櫃台退房呢？

五年前，有一次我剛好投宿假日飯店。那一次因為要趕下午早一點的班機，我中午十二點半就下樓到櫃台，準備結帳後離開。那時候大廳根本沒人，而我又覺得肚子有點餓，所以我決定先去自助餐廳記帳吃飯，再回來一起結帳付款。我吃完飯後，看看手錶，剛好是下午一點。由於之前櫃台前根本沒人，所以我猜想，現在大概也不會超過三個人吧。

等我回到大廳才發現，櫃台前竟然排了二十八個客入，長長一列像是等待被餵食的囚犯。我真是不敢相信！就這半個小時，竟然從沒人變成二十八個人在排隊。我仔細想了想：「這些大概不是退房的客人。從他們的外表看來，很有可能是導遊帶來參觀附近設施的遊客，假日飯店可能也是展示參觀的一部分。」既然是這樣，我就不該跟他們一起排隊。我決定繞過觀光客，直接走到收費櫃台前另排一列，等著結帳退房。

在我超越那些「觀光客」向前走的時候，有好幾個人直直盯著我，眼神不是太友善。這時我突然發現自己錯了。雖然有點尷尬，但我假裝沒事，自己走到隊伍的最後。

到了排尾，我拍拍前面那一位的肩膀問說：「這是排隊幹嘛？」

他回答說：「退房啊。」

「怎麼可能？」

「退房時間到啦，就是這樣嘛。」他喃喃說道。

「你怎麼知道的？」我問。

「我房間的門上有寫啊，我看那個知道的。」

這是個非常重要的情報。他是看到門上的牌子，所以現在才來這裡排隊。

我再舉個正當性力量的例子：某商業組織的部屬鼓起勇氣走進老闆的辦公室說：「對不起，我要求加薪！我真的覺得我應該加薪。」

老闆會回答說「不行，你不能加薪」嗎？絕對不會。他反而會說：「你當然應該加薪。可是……」（這個「可是」就是「休想」的意思）他把桌上文件推到一旁，指著玻璃墊下的一張印刷卡片，平靜地說：「很不幸，你的薪資已經到最高等級啦！」

這個部屬喃喃說道：「哦……我忘記自己的薪資等級了！」在印刷文字之前鎩羽而退。事實上部屬還會對自己說：「我怎麼可能跟玻璃墊下的白紙黑字嗆輸贏呢？」這大概就是老闆要部屬自己說出來的話。

正當性力量的第三個例子是：二十年前我參與一項房地產業務最後的法律程序，大家要來找我簽約承租。其實大多數人付完保證金後，根本沒有閱讀合約規定就簽了。只有極少數幾位會說：「在簽約之前我想先看看這份租約。我有這樣做的憲法權利！」

我一律回答：「當然你有權這樣做。儘管拿去看吧！」

看到一半就有人驚呼：「等一下！先暫停！這個租約一簽下去，我就變成僕人啦！」

我會回答：「我相信是不會啦。這只是標準格式的合約，左下角還有格式編號嘛。」

這時候對方的回答通常是：「喔……標準格式啊。如果是這樣，那好吧……」

然後他們就都簽名啦。只需幾個白紙黑字就能讓對方服服貼貼，彷彿有什麼魔力似的。

在極少數的狀況下，還是有人猶豫不簽，這時我可能會再補上一句：「法務人員不會批准任何更改喔。」各位請注意，法務人員其實也不知道他們會不會批准什麼更改。但是這麼一句話就能發揮魔力，因為「法務人員」四個字，就像在大銀幕上投射出強大的正當性形象。基本上，誰敢跟法務開玩笑！

現在我們再回到西爾斯商店，你盯著那塊四八九．九五美元的牌子，被那些據說是不可挑戰的強大力量所輾壓，就跟假日飯店排隊退房的房客、要求加薪的部屬和簽訂租約的人一樣。但是我們要是碰上這些狀況，都不要因此被嚇倒。因為這些狀況都是可以商量、可以談判的。

為什麼我敢這麼說呢？因為任何一種經由談判而產生的東西，當然也都可以繼續再談判，包括冰箱展示上頭那個價格牌子。

各位想想，西爾斯訂價四八九．九五美元是怎麼設定出來的呢？我雖然不會比你知道得更多，但大概是——

行銷人員說：「我們就訂在四五〇・〇〇美元吧。這樣就能賣掉很多冰箱。」

財務人員說：「還是要小心謹慎，確定賣冰箱會賺錢啊。我們訂五四〇・〇〇美元吧。」

廣告人員插嘴說：「心理學的研究指出，最好的數字是四九九・九五美元。」

有人不耐煩地說：「喂，我們還有生意要忙啊。不能趕快一起搞定嗎？」

於是大家各有妥協，的確就搞定啦。他們一起討論後決定是四八九・九五美元。這可不是什麼天上印表機大神的指示。

當然有些事情不是商量談判的產物。比方說，「十誡」就不是談判談出來的。上帝一開始拿出來的就是石板上刻的既成事實，這時候你很難再跟祂談判商量什麼。《聖經》裡的「登山寶訓」也沒得商量。耶穌可沒叫追隨者聚在一起說：「各位給我一些意見。我們要成立一個工作小組，再分成幾個小組委員會來解決問題。」這些都是「神聖的恩賜」，跟西爾斯價格、假日飯店退房時間、薪資等級、甚至標準租約完全不一樣。

不過，有這麼多可以談判的事情，並不表示我們要一直談判。各位要是問我：「你會跟不二價店談判嗎？你會跟西爾斯談價格嗎？」我會直接告訴你：「俺的人生策略之一就是永遠不進西爾斯！」

我的看法是說，你應不應該進行談判，必須根據以下問題的回答，由你自己來決定：

1. 在此特定狀況下，我能否自在舒適地進行談判？
2. 談判能滿足我的需求嗎？
3. 進行此次談判所獲得的利益，值得耗費那些精神和時間嗎？

對你個人來說，只有三者答案皆「是」，才應該進行談判。各位對於自己的處境一定要有掌控感。你要根據自己的需求來挑選和運用機會。不要被不關心你最大利益的那些人嚇倒或操縱你的決定。

對於任何給定的環境狀況，各位都可以自由選擇應對的態度，也擁有影響結果的能力。這是說，**各位在塑造自己生活、提升生活方式等方面，都可以發揮比想像更大的作用**。

## 【談判提醒】

- 不要把自己極為有限的經驗，當做是宇宙間的普遍真理。
- 任何一種經由談判而產生的東西，當然也都可以繼續再談判。
- 根據自己的需求來挑選和運用機會。不要被不關心你最大利益的人們嚇倒或操縱你的決定。

# 03

# 實踐驗證

在水上行走的祕訣，是知道石頭擺在哪裡。

且讓我重建場景。你帶著太太和兩個孩子在西爾斯商店看中一台冰箱，但要價高出你的負擔能力。不過你還是想要那台冰箱。值得為此進行談判嗎？如果上一章最後的三個問題，你的回答都是肯定的，那麼你就應該全速前進。不過要怎麼做呢？你應該說些什麼話、做點什麼事？

## 激發競爭態勢

首先，不要把自己定義得太狹隘。你不要把自己當成想要買冰箱的人，而是一個要賣錢的人。「金錢」也是一種可以販售的東西嘛。所以啦，想買你的錢的人愈多，你的錢就能買到愈多東西。那麼，你要如何讓大家想買你的錢呢？你要為它激發競爭態勢。

以西爾斯的例子來說，為錢創造競爭最簡單的方法，是告訴業務員說競爭對手的賣場有促銷低價可供比較。「競爭對手的賣場也很想要你的錢」這個事實，等於是馬上為你提供助力……這就像西爾斯本身就經常自己和自己展開競爭一樣。西爾斯會跟自己競爭，是不是讓你覺得很驚訝？其實各位只要仔細看看店裡提供的商品目錄就會了解。商品目錄上大型家電頁面的正中間，也有冰箱標價四四〇・〇〇美元，外加運費二六・〇〇美元。所以讓業務員看看這一頁，就可以開始談判囉。

## 滿足需求

我們都有其他選擇。這些選擇也都是以滿足個人需求為中心，不管這些需求是真實存在或者虛構想像而來。基本上來說，我們每一次談判都是為了滿足需求。西爾斯提出的四八九・九五美元價格是為了滿足它的需求……而你的需求呢？你是交易的另一方嘛。最理想的狀況下，就是完成交易的時候可以達到雙贏，雙方各取所需，都能獲得滿足。

有很多方法能讓西爾斯的業務員敏銳地察覺你的需求。你可以問他：「這個型號有什麼顏色？」業務員如果回答說：「三十二種。」你又問說：「有哪些呢？」等他告訴你以後，你驚呼：「就這樣？你們只有這些顏色？」

他說：「是啊，你到底想找什麼顏色？」你解釋說：「我家廚房又酷又迷幻。你們這些顏色太老氣，全部搭不上！我希望你在價格上做點調整。」

表達需求的第二個方式是討論冰箱的製冰器。你說：「我發現這一款有內建一個製冰器。」

業務員回答說：「對啊，沒錯。它一天二十四小時為你做冰塊，一小時只花兩毛錢！」（各位注意，他對你的需求做出完全沒根據的假設）

你馬上反擊這個錯誤假設：「這個問題可就不好辦啦！我有個孩子正罹患慢性喉炎。醫生說『絕對不准吃冰！絕對不准！』你可不可以把製冰器拆掉？」

他反駁說：「可是整個冰箱門就是製冰器啊！」

你說：「我也知道……但要是我確定用不上呢？難道不該降價嗎？」

表達需求的第三種方式，以及對冰箱功能的不滿，是討論它的門。你可以這麼說：「這一款是從左邊打開，可是我全家都是慣用右手啊。」如此評論，可向業務員表達你的需求沒有充分獲得滿足，所以他的需求也不應該完全被滿足。

## 何時有特價銷售

你也可以問他：「什麼時候會有特價銷售？」或是說「我錯過特價期了嗎？」這是說，儘管現在不是特價期，那麼未來會有特價囉，或者是特價打折的時間已經過了。那你也不能因為沒趕上特價期間就受到懲罰嘛！

## 「這裡有瑕疵！」

有一個很有效的方法，就是運用展示樣品應該特價出清的技巧。展示樣品技巧有兩個層面。第一個是你走到冰箱前仔細檢查，當業務員也盯著你時，你喃喃說道：

「我發現這裡有點瑕疵欸！」

業務員大概會回答：「我沒看到什麼異常啊。」

你要堅持說：「這裡好像有道小刻痕……側面有個小瑕疵嘛。其實燈光一照過來，我就發現冰箱側面有好幾個瑕疵。這麼多瑕疵難道不打折嗎？」

萬一冰箱上根本沒幾個瑕疵怎麼辦呢？那就你自己來吧！（我現在沒跟各位討論道德，而是在說我們有什麼方法可以選，雖然我也可能是在開玩笑吧）大家還記得剛剛拿曲棍球棒發球的小朋友嗎？叫他對著冰箱儘量打吧！

展示樣品技巧的第二層叫做「ＩＴＤ」，也就是「內部破損折扣」（internal-trauma discount）的英文縮寫。這是說展示樣品一定會有損傷，也許外表看不出來，但就是有問題。畢竟這個冰箱門好幾個月來一直被大家開開關關的，裡頭的托盤啦、隔板啦，也都有人動過。展示樣品就像繞著街區好幾圈的步行者，承受著被粗暴對待的內在壓力，肯定是有內傷。所以你就有權享受這個內部破損折扣，這就是標準的「ＩＴＤ」。

## 迂迴側攻

你也可以先撇下核心項目，轉而討論一些跟價格有關的旁枝末節。可以想像得到，關於主要項目實際成本的伸縮增減，想必是空間極其有限，但其他次要部分也許較具彈性，可以做出更多讓步，例如採用「舊冰箱換新冰箱」來給予折扣。

所以你可以跟他說：「如果你價格那麼硬的話，那好吧！我現在那個冰箱就賣你一五〇美元，它的狀況其實還是非常好！」

業務員要是回答：「什麼……？」你可以趕快補充：「好吧……我只能再減五十美元！」

當然我承認這套方法可能不常用來買冰箱，不過大家在買車的時候倒是用得很成功。

## 如果……？

各位還有一個很有效的方法可以使用，就是「如果？」這個開語詞。「如果？」是談判時的神奇咒語。比方說：我如果一次買四台冰箱呢？價格就不一樣了吧？我如果自己開貨車把它載回家，不必你們送貨呢？會不會影響價格？我如果連洗衣／乾衣機和鬆餅機一起買呢？會不會影響價格？如果未來六個月，我們社區每個月都會來買一台冰箱呢？難道也不會影響價格？

你這樣連珠炮的「如果……」轟出去，也許不一定精準地打下你想要的目標，但十之八九，那個跟你交涉的人會提出對你有利的回應。

各位別忘了，雖然明訂標價四八九．九五美元是武斷擬定，但其中確實涵蓋了安裝、運送、服務契約和保固維修等等細目費用，這些都是西爾斯必須耗費的成本。各位要是能幫西爾斯把這些費用省下來，店家的確應該讓利回饋給你。比方說，你要是問業務員：「這個價格是否包含安裝費用？」他回答說：「是的，確實如此。」然後你就可以說：「那好……我家裡就有安裝工具。我可以自己安裝和調整。」

## 最後通牒

假如你時間有限，不想進行談判。你走近身邊第一個業務員就說：「你們想賣這台冰箱吧，剛好我也想買。現在我給你四五〇．〇〇美元，可以就馬上成交，不然我就走啦！」

當你轉身離開時，那個業務員會跟著你追到街上嗎？我想是不會，為什麼呢？因為在這個交易過程中，他跟你毫無關係，在交涉過程中還沒有任何投入。另外，他可能也討厭你的草莽作風。要讓最後通牒發揮效果的關鍵，是要看對方已經投入多少時間、精力和精神。

各位緊記這個原則，再來試用另一種方法。你隨便挑個週一，在下午兩點走進大型家電區，這時候賣場的客人和活動最少。你找個業務員說：「我想看看你們冰箱的陳列！」所以他為你介紹每台冰箱，說明它們的優點何在，從下午兩點說到四點。

到最後你說：「我明天跟我太太一起過來看看，再做決定。」

現在那個業務員已經在你身上投入兩個小時了。

星期二又是兩點鐘，你帶著太太一起過來。你又找來同樣那一位業務員，一樣地詢問展示的每一台冰箱。最後你對他說：「我明天會帶一位冰箱專家過來看看，我丈母娘對這些東西很內行。到時我們再做決定。明天下午見！」

現在業務員在你身上投入四個小時。

星期三在約定的時間，你帶著太太和丈母娘走進家電區。你故技重施，又讓那位業務員一一介紹展示品直到四點，這時你才喃喃說道：「嗯……不知道欸？我完全拿不定主意！」

業務現在有六個小時的生命投資在你身上。

到了週四下午，你如預期般地出現，這次只有你一個人走進來說：「你好啊！還記得我吧？我真的想買一台冰箱。」

業務員苦笑著說：「我也很希望你買啊！」

你繼續說道：「你看……我口袋現在只有四五〇．〇〇美元，外加一盒火柴、一支鋼筆和八毛零錢。我剛好喜歡這一款的冰箱。請問……我們能否成交。」他要是沒有立即回應，你就裝沒事地轉身，慢慢朝著出口走去。

這時候那個業務員會跟著你嗎？會的。因為他在這個過程中已經有所投入，希望從他付出的努力中獲取回報。他可能也會喃喃自語地說：「好啦好啦！你也演夠了，我們這麼敲定吧！」

這時候為什麼他會接受你「要嘛成交不然拉倒」的提議（雖然你沒有說得這麼明白）？因為你的最後通牒已經做好舖陳埋了哏，幾乎可以保證對方願意接受。你迫使業務員花了太多時間來應付你，這個最後通牒就變得美味可口啦。他對狀況進行成本效益分析時，想必也是內心淌血：「我在那個笨蛋身上已經投入六小時！已知的魔鬼總比未知的好，誰知道大街上還躲著什麼怪咖？」

## 輕咬蠶食

現今被稱為「蠶食」（nibble）的策略，大概也是採用相同方式來進行。各位也許沒聽過這個名字，等我詳細說明以後，你就會驚訝地發現原來是這個。為了說明方便，我們假設你是個男人。當然女性也一樣適用相同情況，只要把引例中的男裝店換成女裝店或精品店即可。

各位現在進入你們市中心的一家男性服飾專賣店，準備買一套西裝。你有一位重要的親友要結婚，你準備盛裝打扮去參加婚禮喜宴。由於西裝翻領的寬度年年都在變化，你擔心有些款式也許顯得老氣過時，所以隨身攜帶捲尺準備測量。

「需要幫忙嗎？」有一位銷售員過來問。

「我想是的……」你回答，若有所思地皺眉。

之後的三個半小時，你在衣架和衣架之間穿梭，西裝一套看過一套，不辭辛勞地測量翻領，銷售員也一直跟在身後不敢稍離，因為你一直在問關於肩寬、口袋蓋、袖子款式、袖口和幾顆鈕扣等等問題。你一遍又一遍地問說：「這件西裝的款式可以維持多久不會顯得過時？」當他提供他有根據的猜測時，你又問說：「你確定嗎？」

在你檢查過三十九套西裝，翻摸七十八副翻領以後，那個面無表情的銷售員已經快抓狂了。這時你說：「我想我要買三七〇．〇〇美元的希基．佛里曼（Hickey-Freeman），在那邊……淺條紋那一套。」

銷售員這時也鬆了一口氣。他努力保持冷靜，低聲說道：「請跟我來好嗎？」帶你走進後面貼著鏡子的小房間，店裡的裁縫在這裡做修改調整。你脫掉現在穿的外套，換上那套你要買的希基．佛里曼，站在一個量身修改專用的木箱上，正前方和左右兩面都有鏡子。你站上箱子時，銷售員站在你旁邊，他現在比較放鬆了，因為他正在填寫銷售單，計算自己的抽佣。

當你站在箱上左搖右擺的時候，下方是一位駝背的老先生單膝跪地，嘴巴含著別針，脖子掛著布尺。他從嘴巴取下五根別針，一一別在布料上。過一會兒又用粉筆在褲子的臀部畫個「X」，然後又把褲襠拉高三吋。他一邊這麼做，一邊用一種你無法辨識的口音喃喃自語：「這套西裝很漂亮，很適合你。」不管說起什麼，那個老人都帶著口音。或許不是口音，是他嘴巴含著別針的關係。

就在這個時候，你轉頭看著銷售員，認真又實際地問他說：「那你要送我的免費領帶是哪一款？」

正在填寫貨單的銷售員停下筆，看著地板上的老人。老裁縫抬起頭來，不知道要不要再插進一根別針，用粉筆做記號。原先拉緊的褲襠，布料又往前凸出三吋。

這就是我們說的「蠶食」。

當第一波恨意消退之後，銷售員腦子裡會想到什麼呢？他心裡嘀咕說：「這個討厭鬼已經占用我三個半小時的時間，害我沒空休息喝咖啡。我光是幫他穿脫三十九套西裝，手臂都快拉傷了！然後還要看著那個笨蛋測量七十八個翻領。好吧！浪費那麼多時間，現在能得到什麼？我從這片殘骸廢墟之中可以撿到什麼？銷售額三七〇・〇〇美元，可以獲得六〇・〇〇美元的抽佣。為了這六十美元，我想我可以從口袋拿出七美元為這個土蛋買條大批發的領帶。我只希望再也不必看到他！」

你會得到那條領帶嗎？當然。但你會贏得銷售員的喜愛和讚美嗎？這可要另當別論。他給你一條免費的領帶，的確是牽涉到一些情緒因素，但不是因為他對你有什麼好感。

他如果沒有投入那麼多的時間，蠶食能咬得住嗎？不會。蠶食的成功就是跟對方投入的時間成正比。對方要是沒有投入太多時間，就沒勝算。所以你一定要想辦法誘使對方在某種情況下投入時間。而且進行談判，一開始的方法就是先爭取合作，好像你非常需要對方幫忙。

## 幫助我

表現得很需要幫忙，和假裝自己什麼都懂，是截然不同的。我說的「裝作自己什麼都懂、什麼都會」是什麼意思呢？各位想想民營企業甚至是政府的一些高級主管就知道。由於大家迷信官大學問大、社會菁英什麼都要懂，所以這些領導人就會努力炫耀顯擺，裝出十分厲害的形象。

這個形象就要需要塗脂抹粉、拚命化妝。大概是勞伯・瑞福（Robert Redford）或羅伯・高列（Robert Goulet）最帥的時候，再加上《星際大爭霸》（*Battlestar Galactica*）指揮官羅恩・葛林（Lorne Greene）全部合在一起（要是再加上龐德羅莎牧場上的豪斯、小喬和亞當在後面快馬狂奔，效果就更好啦）[1]！這種典型的企業高層，髮型瀟灑倜儻，兩鬢微帶灰白。下巴方正，略為前凸。他的聲音深沉洪亮，握手勁道足以捏碎對手。他邁開雄健步伐大步走來（「嗨，各位！企業高層昂首闊步而來！」）他見人就說：「很高興見到你！」不管真心與否。

在他狂歡縱飲之後，你如果半夜叫醒這個全身假到發亮的企業高層，他會從床上跳起來驚呼：「嗨，各位！高層起床啦！很高興見到你！」

然後如果你問他說：「告訴我，長官，你長過青春痘嗎？」他會回答：「嗯？」你看，他從沒長過青春痘！瀟灑！

這種空洞的樣板完全就是詐騙。他要永遠大步前進，抬頭挺胸背拉直，舉手投足滿溢著專業與知識，但是這根本是愚蠢，到最後只會自己把一切都搞砸（而且讓人超級疲勞）。假裝什麼都懂，只是自我挫敗。反而是常常說：「我不會⋯⋯幫幫我！」才是真正有幫助。承認自己不是什麼都會、都懂、都有答案，會讓你顯得更有人性，這也是讓大家更容易接受你的方法。

## 示弱反而占便宜

在談判時，笨蛋常常贏過聰明人，口條欠佳也常常贏過口齒伶俐，其實我們的弱點在很多時候反而可以變成力量。因此各位偶爾要訓練自己，在符合自己設定的目的時坦然示弱：「我不會」、「我不懂」、「我跟不上你」、「請幫幫我」。

各位想想自己跟笨蛋打交道的一些經驗。你跟一個話都聽不懂的笨蛋交手，再精細漂亮的論據、邏輯和面面俱到無所不包的數據資料又能幹嘛？這時候你使出渾身解數都沒用。

你有沒有跟你認為有學習障礙或口語障礙的人談判過？比方說，我現在跟你談判，但你說話結巴、口吃或者只是假裝說話不流利。這時候我可能會說：「那好吧，

**譯註1** 這是美國知名西部影集《牧野風雲》（*Bonanza*）的老梗。

你為什麼反對這筆交易呢？」

你回答：「第……第……第……」

我說：「放輕鬆。你想說什麼？」

你回答：「第……第……第……」

我說：「第一點是嗎？」

你點頭同意。

「好的，第一點是什麼？」

你回答：「基……基……基……」

我說：「價格是嗎？」

你點頭同意。

「好的，我們繼續。那第二點是什麼？」

你回答：「皮……皮……皮……」

我說：「是說品質嗎？」

你又點頭同意……諸如此類。

所以你說了什麼嗎？什麼也沒說。那我在幹嘛呢？我正在幫你表達論點，我正在投入時間，整個局面被你掌控——這就是賭神說的「勝券在握」啊。

我太太曾跟我說，我在跟盲人說話的時候，總是不經意地提高嗓門。為什麼會這樣呢？我猜我是想幫助他們，讓他們能夠「看見」我所說的，只是我自己不曉得。

弱點本身甚至會變成談判優勢。例如某家大銀行打電話給大客戶，說他沒有按時還款讓銀行感覺很失望。這時候債務人回答說：「真高興你打電話來問了！因為我們最近財務狀況惡化啦，要避免破產的唯一辦法，其實是請你們把利率降低到最基本利率，或者頂多是基本利率再加一・五個百分點，而且本金償還至少也要延後一年。」債務人的慘況讓債權人幾乎毫無招架之力，也沒辦法跟他討價還價。

## 「我們不明白」

特別是在跟不同地區或文化的人進行談判時，語言因素經常被用來假裝弱勢。多年前，我看到日本航空（JAL）的三位代表先生和一大群美國公司的老練經理人打交道時，利用語言因素玩花樣，讓我很清楚地意識到這一點。

美國公司對那幾位東方人做簡報可是擺出超大陣仗。這場簡報從早上八點開始，持續了兩個半小時，現場運用掛圖、精心印製的電腦圖表和其他輔助報告的數據資料，三台投影機輪番上陣簡直像是好萊塢電影，要證明他們開出的價格是合情合理絕對值得。我當時人就坐在會議室的大桌子邊啊，所以我能跟大家說，這裡就像迪士尼樂園一樣熱鬧。

在這場小狗和小馬輪番登場的熱鬧表演中，三位日本紳士安安靜靜地坐在桌旁，一語不發。

最後，一位美國公司的高級主管終於重新打開電燈，臉上洋溢著期待和滿足，他對冷靜的日本人說：「那麼各位覺得怎樣？」

其中一位日本人禮貌地笑了笑，回答說：「我們不明白。」

經理人臉色蒼白：「不明白，是什麼意思？哪裡不明白？」

另一個日本人也禮貌地笑了笑，回答說：「整個都不懂。」

我正在仔細注意這位沮喪的經理人，覺得他的心臟病快發作了。「從哪兒開始不懂？」他問。

第三個日本紳士禮貌地笑了笑，回答說：「從熄燈之後。」

經理人背靠著牆，鬆開他那條昂貴的領帶，沮喪地呻吟說：「那麼……你要我們怎麼辦呢？」

這次三個日本人同時回答：「可以再講一次嗎？」

現在誰占了上風？誰在跟誰開玩笑？誰能帶著一開始的熱情和信心，再重複一次兩個半小時的演講呢？美國公司開出來的價格就此迅速跌落。

這個經驗教訓是：不必太快表示「理解」或想要證明你的才智出眾。仔細注意自己的傾聽和發言比率。各位要學會提問，即使你覺得自己也許知道答案。

另外，我們如果願意請對方幫忙，常常也能營造出互惠互利的關係和友善氣氛。至少，你會讓對方做出最後對你有利的投入。

## 營造最後通牒的氣勢

前面討論過的幾個狀況裡，曾說過「最後通牒」。

最後通牒其實很常出現，不管是父母對孩子提出「最後的最後」宵禁命令，還是在工會集體談判中接近短兵相接的最後期限。

為了讓你的最後通牒獲得成功，必須滿足四個條件：

1. **先有蛋糕才上糖霜**。對方必定是別無選擇，或者是在過程中已經投入甚多，不能放棄離開。所以，最後通牒必須在談判的最後才端出來，不是一開始就現底牌。我們是先烤好蛋糕才上糖霜嘛！

2. **柔軟可口**。使用詞語絕對不會貶低或冒犯對方。「強硬」的最後通牒，例如說「要就接受不然拉倒！」或者「只要這個其餘免談！」都會造成反效果。「緩和」的最後通牒才會讓人覺得愉快，因為這只是對現實的如實陳述。比方說：「我當然理解你的處境，你站在那個立場也是有原因的。但我現在就只有這麼多，也請你幫幫忙。」

3. **無法篡改的食譜**。運用某種形式的文件或正當性來支持底線立場，最是明智。例如說：「你的要求確實應該獲得滿足，我也希望我能提供你要的，但我的預算全部只有這麼多。」這時候要是拿出「官方預算書」這種白紙黑字的文件，通常就能解決問題。其他類似違反「薪資管理準則」、「聯邦貿易委員會」禁令或違反「公司準則」

等等參考文件也非常有效。

就算找不到白紙黑字，光是說「可是我的朋友都支持（或反對）」或者是「此例一開，大家也都會照做」等用語也很有效。

4. **從有限的選項中做選擇。**永遠不要讓對方沒有其他選擇。永遠不要說：「只有這個，其餘免談！」相反地，我們要創造出讓對手可以做出選擇的環境，他可以看出其中某選項顯然比其他更好。

比方說現在假設我想聘請你在我的組織中擔任某個職位。你開價五萬美元，但我付不起超過三萬美元的薪水。我能說「要就三萬，不然免談！」嗎？不行，那太冒犯你了。相反地，我會跟你說：「你的確應該得到你要求的薪資，那很合理。但是在目前的薪資等級中，我只能為你提供兩萬八千美元到三萬美元之間的數目。你的意願呢？」

顯然你會回答說：「我要三萬美元。」

我會稍作抗拒，讓你覺得在此情況下似乎占了優勢：「你願意接受兩萬九千美元嗎？」

你說：「不……我想是三萬美元。」

我嘆了口氣，宣布投降：「喔，那好吧！既然是你強烈堅持，我同意。就三萬美元。」

就算是在十分緊急的場面，這種提供有限選擇的技巧還是很有用。一九七七年八月，一架原本要從紐約拉瓜迪亞機場飛往芝加哥奧哈爾的環球航空（TWA）飛機，遭到克羅埃西亞人劫持。為了拖延時間，這架飛機沿著彎彎曲曲的路線飛行，中途經蒙特婁、紐芬蘭、夏隆（Shannon）、倫敦，最後飛到巴黎郊外的戴高樂機場，法國警方在那裡射破它的輪胎。

飛機在跑道上停留三天。最後法國警察給恐怖分子一個符合我標準的有限最後通牒，意思大概是說：「各位……想死想活就看你們自己的選擇。現在美國的警察已經來了，你們如果投降跟他們回美國，可能會被關兩年、頂多四年。這表示你們大概十個月以後就能假釋。」

過了一會兒，等那些話被理解之後，法國警方才繼續說：「但是各位要是被我們逮到，根據法國的法律就是判死刑。現在……各位想要怎麼做？」

說來大家可能不信，但劫機者最後決定投降，把自己的命運賭在美國司法上。

## 〔談判提醒〕

⊙ 讓你談出優勢的最佳攻略

- 激發競爭態勢（不是只有你可以）
- 滿足需求（我想要的是……）
- 何時有特價銷售（即使不是現在）
- 「這裡有瑕疵！」（運用「展示樣品技巧」，享受內部破損折扣）
- 迂迴側攻（從與價格相關的次要項目開始進攻）
- 如果……？（談判的神奇咒語，「假設」讓你美夢成真）
- 最後通牒（要嘛成交不然拉倒）
- 輕咬蠶食（誘使對方對你投入時間，累積勝算於無形）
- 幫助我（裝作很需要幫忙，取得合作契機）
- 示弱反而占便宜（弱點會變成談判優勢）

- 「我們不明白」（不必太快表示「理解」或想要證明才智出眾）
- 營造最後通牒的氣勢（不在一開始就掀底牌；用詞絕對不會貶低或冒犯對方；運用某種形式的文件或正當性來支持底線立場；永遠不要讓對方沒有其他選擇）

# PART 2 三個關鍵變數

虛幻不實是無力感的真正根源。

我們不了解的事，我們無法控制。

—查爾斯・萊希（Charles Reich）／美國作家

亞瑟・米勒（Arthur Miller）的劇本《推銷員之死》（*Death of a Salesman*）有一場感人的戲，晚景淒涼的威利・羅曼（Willy Loman）問他富裕的哥哥說：「唉！班尼，你以前是怎麼做到的？答案是什麼？」

對於我們所有人來說，不管是失敗者或成功者，威利問的就是人生競賽中獲得成功的萬能公式。

人生如果是一場競賽，那麼談判就是一套讓你活下去的方法。各位若想贏得勝利獲取成功，就要先充分了解這場競賽。

首先，我們要以現實為依歸，實事求是，如實看待事物而不隨意做出批判。有很多人對於自身處境只是選擇性的雙標，任意加以道德判斷，這些都太常見了。這種主觀性批判一定要避免，因為它只會帶來一廂情願的臆想。我們必須「掌握它本來的樣子！」儘管談判的主題和參與者各有不同，但談判基本上都包含著三大要素。

各位可以自己想像一下：有幾個男人面無表情擠在桌子旁，房間裡煙霧瀰漫。這時已近深夜，他們在做什麼呢？他們正在進行策略競賽來解決某些問題，這是透過先例與儀式來進行的比賽。是在比什麼呢？可能是政治協商、可能是在打撲克牌……總之就是一種談判。

不管是政治協商、打撲克牌或談判，不是只有拿一手好牌才會贏，這裡頭必須分析整體局勢，才會知道手上的牌要怎麼打才好。除非你對影響到每一位參賽者的現實條件全盤考量，要不任憑你再厲害、再聰明或者手上的牌有多好，也難以取得多少進展。各位要記住，不管是政治、打牌還是做談判，要影響結果就必須根據這三個一直存在且密切相關的變數，實事求是地分析對方立場和你自己的立場：

1. Power
2. 時間
3. 資訊

# 04 Power

以為自己行或不行
往往也會導向最後的成果。
——亨利．福特一世（Henry Ford I）／美國企業家、福特汽車創辦人

之前，我把 Power 定義為令人陶醉沉迷的一種才能或能力，可以搞定任何事……對內既能掌控穩住自我，對外也能有效控制一切人事物，因應不同事件或情境變化。Power 並無好壞之分，也沒有道德或不道德。它跟倫理道德無關，它是中立的。

Power 是從一個位置到另一個位置的方法。假設你現在處於情況 A（目前處境或困境），想要到達情況 B（目標、目的或目的地）。唯有 Power 才能讓你從 A 點到 B 點。Power 讓你能夠改變現實，達成目標。

但Power也隱含著醜惡的一面。怎麼說呢？因為Power暗示著一種主從關係，意謂著由一方主宰另一方。不過這種籠統控訴，並不完全符合生活的現實。有識之士對Power的態度有所保留，主要是出於以下兩個原因：

1. 他們不喜歡某些人是用操控、脅迫、蠻橫的方式來彰顯Power。這是以力制人，而不是單純地運用Power。類似於Power遭到濫用，諸如此類的批評也的確有道理。
2. 他們不贊同某些Power的目標。如果希望達成的目的或目的地是貪腐、剝削的，即使是運用最正當的方法和手段，也一樣無法讓人接受。

除了以上兩種情況，我認為運用Power也沒有什麼好反對的。Power本身絕對不是目標，而是讓我們可以到達目的地的工具。目標也許有好壞，可能是令人愉快的「善」或讓人討厭的「惡」，但若是把Power從許多可能目標中抽離出來，那些實現目標的Power就像是電力或風力般的中性力量。現在我們也都知道，儘管偶爾有人觸電，但這不是電力本身的問題。空氣運動造成的風力也是如此，不會因為偶爾形成龍捲風就是「惡」。我們體驗到的空氣，大多數只是進出肺部的呼吸而已。我們自己就需要空氣；如果沒有空氣，我們的身體也早就完蛋啦！我們也需要Power來保護自己，確保對自己生活的掌控感。

我們都擁有足夠的Power，明智地運用Power來實現自己的重要目標。你也應該去做自己該做的事，不必遵照他人指示來過日子。

如果你發現自己或他人遭到不公正的對待，你就應該採取行動。要是你認為自己無能為力，掉頭離開（「光我一個人能怎樣呢？」），你必定感到挫折、沮喪和痛苦。

社會中的個人要是都認為自己無能為力，因而無所作為，那麼我們大家都會一起遭殃。這些人因為「無能為力」就提早認輸而情感冷漠，表示他們可能成為大家的負擔，甚至對整個社會體制充滿敵意和不滿，並且詆毀他們不相信自己可以控制也無法理解的社會體制。現今，如此態度和看法在我們的世界到處橫行，其中出現的症狀，有些是生產力下降和毫無意義的暴力。

琳莉·「尖叫」·佛洛姆（Lynette "Squeaky" Fromme）就是這種心懷恨意的人。她後來曾經企圖刺殺福特總統。她被捕後曾說：「要是身邊的人都把你當做小孩子，對你說的話不理不睬，你就要做點什麼事！」

佛洛姆做的「什麼事」就是發神經和自我毀滅。她的自我認知根本大錯特錯，完全沒意識到仍有其他社會認可的合法選擇。她不知道自己的犯罪行為，不管目的為何，就只是濫用 Power。

基本上，Power 是中性的。它是手段，不是目的。Power 對於保持心理健康，不受攻擊的生存是必需的，而且，它也是建立在人的感知上。

讓我來說明一下，當我說如果你覺得自己擁有 Power，那你就真的會擁有 Power 是什麼意思。各位現在想像，有一個單獨監禁的囚犯。獄方已經卸下了他的鞋帶、腰帶，以免他想不開傷害自己（獄方也是為了自己而預防他自殘）。這個可憐人在牢房垂頭喪氣來回走動，用左手拉著褲子，這不只是沒有腰帶的緣故，也因為他瘦了十五磅。牢房門下推進來的是噁心的爛糊食物，他不肯吃。現在他用指尖撫摸嶙峋肋骨，鼻子卻聞到最喜愛的萬寶路菸味。

透過門上的小舷窗，他看到單獨在走廊的守衛幸福愉快地抽著菸。犯人也非常想抽菸，他畢恭畢敬地用右手指節敲敲門。

守衛走過去，輕蔑嘟囔：「幹嘛？」

犯人回答：「我想要一支菸，拜託……你抽的那種萬寶路。」

守衛誤以為犯人反正也無能為力，他冷笑一聲，轉身不理。

但囚犯對自身處境有不同的認知。他知道自己有所選擇，而且他願意承擔風險來測試他的假設。所以他用右手指節再次敲門，這次是豁出去了。

守衛吐出一口菸霧，煩躁地轉過頭來：「現在又想幹嘛？」

囚犯回答說：「拜託！三十秒內給我一支菸。不然我就自己撞牆，撞到暈過去為止。等到獄官來救我，我一醒過來就說是你幹的！」

「雖然他們不會相信我的話，不過你自己想想，你要參加所有聽證和委員會調查，要寫多少一式三份的報告，還有行政管理上的種種麻煩。想想你會碰到的行政瑣事，**只不過是因為你不給我一根爛萬寶路！**只要一根菸就好，我保證不再煩你。」

你說守衛會不會從小窗口偷偷塞支菸進去？會喔。還會幫他點菸嗎？沒錯。為什麼呢？因為守衛對這狀況權衡輕重，很快就能分析出成本和效益。

各位的處境，不管怎樣都比左手提著褲子的囚犯還要好吧！他想要根萬寶路，也要到了。請各位理性判斷，**如果你知道自己有哪些選擇，要是也願意測試你的假設，根據可靠資訊來精明地計算風險，並且相信自己有那份能力，你就可以得到任**

**何你想要的東西。**

這套說法也許簡單得讓人覺得好笑，但堅定地相信自己擁有 Power，也會把這份自信傳達給別人。大家會如何看待、相信和對你做出反應，其實都是由你決定。總之，Power 就是對於能力的認知，也就是對方認為你「可以」，或甚至只是「可能」為他們帶來幫助或傷害的預期效果。儘管 Power 跟美貌一樣，都取決於旁觀者的眼中……但也要從你自己開始！

說到 Power 取決於旁觀者眼中，各位還記得電影《綠野仙蹤》（*The Wizard of Oz*）吧？那部電影中有一個人擁有絕大力量：法力高強的全能巫師。當桃樂絲和她的朋友們想偷走西方邪惡女巫的掃帚時，他讓桃樂絲他們冒險犯難耗費許多時間。他們順從命運去冒險追求目標，正是因為他們相信巫師擁有神奇的力量。

到了電影最後，小狗托托拉開布簾，才發現巫師到底是何方神聖呢？只是用煙霧器、擴音機裝神弄鬼的老頭而已。這個老傢伙其實沒什麼 Power，但他卻能有很強大的主宰力，因為大家都相信他有讓大家遵從的力量。在神祕面紗被揭穿之前，所有人的認知都是根據巫師的自我認知。

各位跟那個巫師不一樣，你不需要偽裝自己的力量。**你伸手可及的力量，比你**

## 1. 競爭的力量

只要你能為自己擁有的東西創造出競爭態勢（在先前舉的西爾斯例子中，就是指你的錢），你所擁有的東西就會升值。想要你的錢的人愈多，你的錢當然就會更值錢。

這種因為需求而提升價值的狀況不只適用於產品或服務（如果你是賣家），也適用於金錢（如果你是消費者），甚至還適用於像點子思考之類的抽象事物。比方說，我是你工作上的直接主管，你衝進我辦公室說：「賀伯！我有一個很棒的點子……全新概念，不得了啊！」然後我問你說：「你和誰討論過嗎？」你回答說：「有啊，跟幾個主管說過，但他們都認為沒什麼價值。」如此一來，我會覺得你的新點子有什麼可貴之處嗎？當然不會。因為缺乏競爭，你的想法已經遭到貶低了嘛。

不過你對我的問題如果回答說：「有啊……我跟一些與你同級的主管討論過，他們都想知道更多，因為聽起來真的很棒！」我的反應必定是：「趕快關門坐下，告訴我一切！」由於創造出競爭態勢，你讓你的想法更有價值也更加吸引人。

繼續來說說「競爭的力量」。我們如果要找到新工作，是在已有工作或沒有工作時更容易找到呢？當然是在已有工作時，更容易找到新工作。

各位可以考慮以下狀況：你現在來應徵一個職位。由於某種原因，你已經失業十二個月。我查看你的資歷以後，禮貌詢問：「過去一年來，你有特別做什麼事來提升自我嗎？」

你清了清嗓子說：「不太多欸。」你說自己是家裡蹲工程師……還是什麼居家顧問。

我回答說：「感謝你！我們會再給你回覆。」

現在你感到焦慮而失去冷靜，脫口問說：「可是，什麼時候呢？你能給我一個日期嗎？」

我發現你因為缺乏選擇而承受壓力。我會這麼想：「要是沒人想要他，這個人又能有多好呢？」我僵硬地笑了笑，回答你的詢問：「我們辦公室不久就會跟你聯繫。」

你舔了舔下唇，小聲說：「到底什麼時候呢？」

我試著讓笑容不那麼僵硬呆板，因為我心裡在想：「什麼時候也沒差，因為你根本沒希望！」

現在換到另一個場景，你需要貸款。但是在現代的經濟社會中，你身為「普通人」會擔心借不到錢，因為缺錢的可不是只有你。

銀行會來敲你家大門，搶著為你服務嗎？才不會。

拖拖拉拉了好一陣子，你終於鼓起勇氣走進地方銀行。吞吞吐吐地對貸款部專員開口可是個好辦法？這其實就是在說：「請幫幫我，我現在已經一貧如洗。請拯救我家人脫離恐怖的破產災難。我沒有抵押品，你借給我的錢我可能也還不起，但你的慷慨大方，我來世必報！」這可不是個好辦法。

各位應該使用的，是這種辦法——如果是男性，請穿上鐵灰色三件套西裝，女士請穿上端莊保守的洋裝；最好戴上昂貴的金錶，以及大學優等生榮譽獎章「ΦBK」，如果借得到的話。找三個朋友跟你一樣裝扮，當你的隨從。你要裝著意興風發，大搖大擺地走進銀行說：「嗨！各位，我是企業高階主管，路過貴行。你們那些爛錢離我遠一點！我一點也不需要。我只是要去寄封信而已。」如此一來，那些貸款部專員會跟著你跑，氣喘噓噓地跟到你家。

附帶一提的是，我剛剛說的好辦法叫做「伯特・蘭斯（Bert Lance）吸金妙方」。

各位還記得蘭斯吧？他曾經擔任卡特總統的聯邦預算局局長。運用那套「爛錢離我遠一點」的伎倆，獲得四十一家銀行的三百八十一筆貸款，吸金總額超過兩千萬美元。兩千萬美元啊！為什麼銀行會搶著向蘭斯提供巨額資金呢？原因有三：

1. 因為別的銀行借錢給他，表示他的信用是一流的。
2. 因為銀行認為他不需要這筆錢。根據他的冷漠表現，他對世界似乎毫不關心。蘭斯表現出來的態度是，向銀行借錢，只是為了幫銀行一個忙。
3. 最重要的是，他顯然有很多選擇，因此他可以盡力壓榨這些選擇。他的選擇是：只要他想要，就可以從任何銀行借到錢，在他認為合適的時候任他挑選。

這使各家銀行相互展開激烈競爭，搶著把錢借給他。

等到這些銀行得知蘭斯是迫切需要貸款來以債養債之後，他的資金來源就枯竭啦。我認為伯特．蘭斯是知道自己有哪些選擇，才會利用它們來搞錢。他創造出競爭，然後從中獲利。各位只要可以，也要做同樣的事。最重要的是，**永遠不要在別無選擇的狀況下進行談判**。如果你別無退路，對方當然會輕視你，就像剛剛舉的找工作或推銷想法的例子一樣。

## 2. 正當性的力量

另一個我們可以運用的力量來源，則是正當性的力量。在我們的社會中，大家對於印刷品習慣性地感到敬畏，包括：印刷文字、文件或標誌等等，都帶有權威性質。大多數人往往不會質疑印刷品內容。

現在我要明白地告訴各位，在我們的生活中進行談判，也可以質疑種種正當性並對之發起挑戰。我也要明白地建議大家，只要是對自己有利，你可以運用正當性的力量，也可以直接面對去挑戰它。

剛才那段話非常重要！我要再說一次：**正當性可以受到質疑和挑戰。只要對自己有利，你可以運用正當性的力量，也可以直接面對去挑戰它**。

我有一個挑戰正當性的例子：在三年前，國稅局審查我的納稅申報。之前我曾買了房子，在報稅當時已經折舊好幾年。國稅局專員審查我的申報表時表示，建物折舊按記錄是分期三十年。我回應說，按照記錄它應該折舊二十年。為什麼我如此堅守這個立場？因為我之前的所得稅申報表，就是這樣申報的，現在國稅局來審查當然要保持一致。

審查員喃喃說道：「折舊是分三十年！」

我也喃喃：「折舊二十年！」

他皺著眉頭，一臉陰沉，伸手從書桌最下面的抽屜拿出一本書，然後翻開內頁。「你看！」他咕噥著說：「書上這裡就說：三十年！」

我站起來走到他那邊，仔細看著那一頁，然後裝無辜地問說：「這本書有提到我的名字嗎？有說到我房子的位置和地址？」

他答說：「當然沒有！」

我反駁說：「那這本書說的不是我啊。」

為了強調我的立場，我從他後面書架拿出幾本書。

他抗議說：「你在幹嘛哩？」

我答說：「我在找我的書嘛！裡面有提到我名字和我房子的書。」

審查員說：「別鬧了！那幾本擺回架上。但這一本你不能跟它爭論！」

「為什麼不行？」我問。

他扮個鬼臉：「因為以前從來沒人做過！」

我笑了笑：「喔……那我就是第一個！」

各位想想我挑戰成功的那本書。這是國會制定的法規嗎？不是。這是天意聖旨嗎？不是。它只一份國稅局的文件，也是談判討論出來的東西，由官員們草擬撰述，用以說明解釋一些規章條例（這同樣是談判的產物）。由於這樣一本書其實就是談判討論的結果，因此整件事還是可以談判討論的。

我再舉一個運用正當性力量的例子。幾十年來，艾倫．馮特（Allen Funt）的電視節目《隱藏攝影機》（*Candid Camera*）一直很受歡迎。這個節目的運作方式就是利用大多數人對於正當性有著不可思議的服從，不管他們的性別、教育或出身背景為何。幾年前播出的節目中，馮特甚至能把德拉瓦州關閉一個半小時。這怎麼辦到的呢？其實只是在州界公路上放置一個大牌子簡單寫著：

## 德拉瓦州封閉

於是一排排汽車嘰嘰嘰全停了下來，大家都停在公路上。

幾個困惑的駕駛下車走向馮特。馮特站在告示牌下，隱藏攝影機記錄這一切。幾位民眾紛紛開口詢問，像是：「喂！德拉瓦州出了什麼事嗎？」

馮特只是指著頭頂回答：「自己看牌子！」

駕駛們皺著眉，抓抓頭，咬了咬下嘴唇。又有人問說：「你認為什麼時候才會重新開放呢？我住在那裡，我的家人也在裡面啊。」

正當性在我們這個社會中顯然非常有效。各位要善用它的力量。用腦子好好分析，承擔風險，運用力量。

## 3. 冒險的力量

我們都要在談判時承擔某些風險。承擔風險需要結合勇氣與常識。我們如果不主動評估機會、把握機會，就會淪為被對手操縱。就像美國喜劇演員翻轉威爾森（Flip Wilson）所說的：「你想拉中大獎之前，也要先投下一枚硬幣嘛！」

我最近參加一場研討會，中途休息時有一位史密斯先生來找我，他說：「賀伯，我很高興能參加這次會議。我想請教一個問題。我和家人最近要搬家，我們找到一間大家都非常喜歡的房子。我們都說這是我們的夢想之家。」

我看著他說：「所以呢？」

他繼續說：「所以……賣家要十五萬美元，但我只準備支付十三萬美元。雖然賣家多要了兩萬，我怎麼用十三萬美元買到那間房子呢？教我一些談判技巧吧！」

我問說：「要是沒買到這間夢中之屋，會怎樣呢？」

他回答說：「別開玩笑了！我想我太太會自殺！我想我的孩子們會離家出走！」

然後我喃喃說道：「喔喔喔。告訴我……你對你太太和孩子們的感覺如何？」

他的回答是：「哎呀，賀伯……我非常愛他們！我會為他們做任何事！我們只是需要降低房價嘛！」

各位可以猜一下，史密斯最後為夢中之屋付了十三萬還是十五萬美元呢？答對了！他付了十五萬。其實就他那個樣子，最後沒付十六萬就要偷笑了。因為那間房子對他太重要了嘛，所以他不敢冒險以免沒買到。因為他太在乎了嘛（教訓：在乎，但不要過度），他承受不起任何不確定性（「也許還有別的房子我喜歡……」），但要讓賣家降價只能靠不確定性。他只能抓牢那根救生索嘛，可以這麼說，他放不開，因為沒有別的東西可以抓。結果就是要付出高昂代價囉。各位應當緊記：你要是覺得那些東西一定要擁有，必定就是要付出昂貴代價。因為你把自己放在一個對方可以輕鬆操控你的處境。

要明智地承擔風險，必須對「勝算」或是「賠率」有所了解，以及能夠一笑置之的豁達心態，承受可控制的損失不亂發牢騷（「這也是無可奈何的事」）。遭遇挫折，是我們求取進步的必然代價。

我說大家都應該願意承擔風險，並不是叫你們去做什麼愚蠢的事，例如把你的畢生積蓄賭在拉斯維加斯輪盤上。我也不會建議各位承擔不合理的風險，像是命運之輪停在錯誤的數字上，可能就要割腕的賭博。我所建議的是承擔適度風險或是慢慢增量的風險——這才是我們可以承受的風險，事與願違也不致一敗塗地。

我舉個計算賠率的例子，說明我們要如何管理風險。有一次在談判研討會上，我拿著一枚普通的二十五美分硬幣站在大家面前說：「我現在要做傳統的擲硬幣。我丟一次硬幣，各位要是可以正確猜到正面或反面，我給你一百萬美元。但是如果猜錯，你要給我十萬美元。假設這是一個合法的賭局，而且我沒在開玩笑……在座各位有誰願意接受賭注？」

通常是沒人舉手。我丟出硬幣又收回，看了一眼，然後把它放進口袋。接著我說：「現在讓我分析一下，我提出這個建議時各位會有什麼想法。你會對自己說『這傢伙給我十比一的賠率，機率是五比五。他對談判也許了解很多，但對統計運算其實不太高明！』」

大多數學員都會點頭表示同意。我繼續說：「各位想的是贏錢嗎？你是不是想到那一百萬美元該怎麼用？也許想去大溪地可以避稅？不是的，你想到的是輸錢。你在想『我上哪兒湊十萬元啊？到現在還沒發薪水，我手頭都有點緊！』」

許多觀眾神經質地笑了起來。我繼續說：「我可以想像得到，研討會後有幾位回家，太太招呼你說，『有什麼新鮮事嗎？』你回答說，『嗯，有個人拿出一個硬幣，要我們賭正反面。我先問一下，家裡最近狀況如何？有多少現金？』」

學員不接受我丟硬幣的賭局是明智的。就那個賭錢的狀況，我們能夠承受風險的程度跟你擁有的財富成正比。當時如果有人是千萬富翁，他也許就會在賭局中挑戰我。要是碰上曾位居美國首富的保羅・蓋提（J. Paul Getty）或者億萬富豪霍華・休斯（Howard Hughes），他們就不必考慮再三。所以俗話說「錢追錢才追得上」嘛！

擁有財富讓我們可以探索有利的機會，因為既有風險因此變得可控，只不過是一點風險而已。萬一輸了，有錢人只是聳聳肩大叫一聲：「爽啦！」

這個賭局如果縮小額度，例如從一百萬元和十萬元降低成比較好控制的一百元和十元呢？會有學員敢跟我對賭嗎？現場的每一位可能都敢，因為現在風險相對於他們的資產，只是玩得稍微大了一點而已。

各位請注意，這個賺賠比率其實還是一樣的，但是慘重虧損的可能性已經不見啦。如果只是可能賠掉十美元，大多數人都敢面不改色地拚一下吧。但萬一是一次賠掉十萬美元，能不去吃土的大概是很少。

不過就算我不降低賭注金額，學員們如果聯合起來分擔風險，大家也能讓風險變得可調可控。我的意思是說，如果有一千個學員每人押一百元，由一位代表猜正反面，猜中了就由那一千人平分一百萬元的獎金。如此一來，這個賭局又會有全新的發展，因為五五波的失敗也只是可能賠掉一百元而已，雖然讓人不爽卻不會是個災難。但關鍵在於，五五波勝算可獲得一百萬元的千分之一：一千元也是不少啊！

因此當勝敗牽涉過大時，就要考慮共同承擔來分攤風險。只要找到人來一起分攤風險，這個風險就被你稀釋化解掉啦。透過共同承擔來稀釋及分散風險，我們就能站在讓人羨慕的位置，在有利的機會中獲利。

讓更多人進來參與，也可以擴大你的視野，增強「耐力」。不管是打撲克牌或者投資股票市場，資本額如果比對手大得多，你就處於強大的主宰地位。

在鼓勵各位冒險的同時，我希望大家也要謹慎承擔可承受的風險。我不是叫你賭博或者直接「把身家性命全部押上去」。在嘗試任何冒險之前，一定要評估計算可能性，以確定潛在利益與失敗的可能成本。要理性，不要衝動。永遠不要因為驕傲、急躁或者只是意氣用事而冒險。

## 4. 承諾的力量

正如剛才丟硬幣的例子，要是可以獲得大家的承諾，你的風險就能在整個團隊中分散開來。如此一來，你就可以在勝算有利時真正獲利。透過聯合承擔風險，你才可以利用有利機會，因為此時的風險對你而言，只是適度而已。這種把他人拉進來一起參與的技巧，對於結果不確定的日常實質事務都能適用。

例如，你現在想開展具有里程碑意義的冒險事業，你不要直接對你的老闆、家人或同事宣稱：「我現在要幹大事！這是我的主意！我的提案！萬一出事，我就跟它共存亡！」不能這麼說，這樣太瘋狂。相反地，你要在辦公室、店裡或家裡來來回回地提醒每一個人：「現在我們同舟共濟，一起努力！」簡單來說，不要在勝算不高時還執意單打獨鬥，一口氣賭上自己今天不能成英雄，明天就要變土蛋。要說服別人來幫忙，讓大家參與規劃和決策，一起承擔部分風險。各位請記住，更多人協助創造，他們就更樂意支持。

我們可以透過以下三種方式讓他人承諾變成你的助力：

1. 透過分散整體風險，你才能利用有利的形勢。
2. 由於同僚或夥伴分擔焦慮並給予支持，你承受的壓力就會降低。
3. 整個團隊並肩協力的奉獻精神，就能施展出讓對手方感到敬畏的力量。

各位會看到，當你有能力獲得他人承諾，就能擴大你的話語影響力，賦予你更多力量。相反地，要是對方發現你的團隊或團體「出現不和諧的雜音」，你的處境就會陷於不利，就像在西爾斯買冰箱的例子中，你跟太太、孩子都在向業務員傳遞互相矛盾的訊號。

我再進一步說明，假設你和另外四人代表貴公司，要跟另一組織的代表進行談判。當你上了會議桌時，以為團隊中的每一位都跟你看法一致。沒想到會議開始後，你們這邊的某人做出意想不到的讓步，博得對手的認同。

這種突如其來的慷慨或曝露情報的評論，會破壞你們的談判立場。你對此感到震驚，懷疑對手是否在你們之中安插間諜。第一次中場休息喝咖啡的時候，你生氣暴躁地對冒犯者說：「你確定是我們公司的人嗎？讓我看看你的識別證，我才能確定你到底是在幫哪一邊！」

這裡發生的狀況是，你在進行會議之前並沒有跟每個團隊成員談判討論，先取得大家的承諾。我們能學到的教訓是：不管要進行什麼工作，一定要先獲得大家的承諾才能同心協力。要讓眾人分擔行動，才能協力一致。參與才能激發承諾，承諾就會產生力量！

更廣泛地來說，我們都知道，一個社區要是不支持當地警方，執法必定就會受影響。銀行的穩定也是靠大家的信心，如果信心不再，銀行就會倒閉。軍隊的士兵要是不相信自己為何而戰，就毫無戰力可言。越戰的失敗不是因為「最優秀和最聰明的人」發現自己的錯誤，而是因為大家的承諾與信心在叢林戰場和美國境內逐漸流失，國家政策隨之潰敗。事實上，尼克森總統下令撤軍，也是批准大多數人致力於結束戰爭的共同決定。

我們要再次強調的事實是，我們永遠不必虛張聲勢，假裝自己很有力量，因為我們內在的潛力往往比自己想像的要大得多，對此，讓我向各位展示一些其他力量的來源。

## 5. 專業的力量

各位有沒有注意到，要是有人認為或相信你比他們擁有更多的技術知識、專業技能或經驗時，他們對你的態度就會比較尊敬甚至敬畏？我給大家舉一個真實例子和兩個假設例子。

**真實例子：**二戰期間，巴頓將軍（George S. Patton）指揮盟軍首度打進北非。巴頓是有史以來最自負的人，以為自己無所不能，從詩歌到彈道，學什麼都會也什麼都懂。但是，他一樣虛心接受旗艦導航員的每一個建議。為什麼呢？因為導航員擁有的專業知識，巴頓也承認自己有所欠缺。

**第一個假設例子：**你家準備重新裝潢。你心裡想定某種壁紙，但不確定花色是否和你的家具搭配。你聘請一位昂貴的室內設計師來提供建議，她的作品曾刊登在家飾裝潢專業雜誌上。她叫你改用完全不同的壁紙，因為你原先的選擇已屬過時。你毫不猶豫就照做了。為什麼呢？就因為她收費高昂，讓你覺得她的專業知識和專業品味都不是你比得上的。

**第二個假設例子**：你覺得肚子好痛！地方診所介紹你去找內科專家。在你告訴護理師過去的求診病史後，突然想起這些症狀跟三年前膽囊發炎好像一樣。做完必要檢驗和簡單檢查後，你被帶進一個擺滿專業證書和醫學文憑的房間（等候時你數過總共十四張）。內科醫生進來，宣布他的診斷：腸道憩室炎。

他給你一張油印紙，問你：「還有什麼問題嗎？」你回答沒有，接著才意識到櫃台已經在為你安排下一次回診。儘管那個疾病名稱你念不出來也不會寫，但總之你覺得「知道了」。為什麼呢？因為在那個專業醫師和滿牆證照環伺的環境下，誰敢質疑醫生的診斷啊？

現在我來解釋一下，我們要怎麼在談判中運用這種接受、尊重甚至敬畏的態度，這有一部分即是源自原始巫醫魔力的神祕光環。我們都可以利用專業知識的力量，因為直到現在大家對於專業知識還是十分崇敬。

各位都知道，大家對稅務會計師、醫生、修車師傅、律師、電腦專家、股票專家、科學家、教授、陸海空將軍甚至是水電工的專業意見都很少質疑。為什麼不會質疑他們呢？因為我們或多或少都相信，他們比我們更了解他們的專長。

各位如果也想展現專業知識，在談判一開始就要先拿出你的專業背景和資歷。當你成功地建立專業背景與資歷的印象，你的陳述甚至可能不會再受到質疑。換句話說，在複雜的談判中，參與者對討論的主題也常常缺乏某些方面的專業知識，而這個事實正是我們可以利用的機會。

盡可能讓對手認為你精明敏銳，這也要提前做好準備。如果這場談判對你很重要，一定要贏得勝利，那麼你多花點時間來準備也是應該的。在討論主題之前先研究和了解。但你要是不懂，就不要隨便碰運氣。只要先說些預先準備的精闢評論，或者挑一些專家行話說幾句，然後趕快閉上尊嘴。

最重要的是，切忌狂妄炫耀，自命不凡。當今世界，「新知識跟死魚一樣保鮮不易」（就算冷藏也不能冰太久），我們不可能在各種領域都成為專家。一般來說，大多數談判所需要的唯一專業知識，就是能夠提出明智問題並能分辨回答是否正確。

針對討論的主題，你的對手方有位專家寫過兩篇論文和一本專題研究，讓你覺得難以招架嗎？沒問題！你也可以運用資源（社區、朋友或組織等等），聘請專家寫它個三篇論文、兩本專論再加一本專題叢書！這樣就可以壓制對方了。

當你在對手方或談判桌的對面遇到「專家」，也不必太過驚惶。請記住，他們對你必定是有所求，如果不需要你或你提供的什麼東西，就不會在這裡跟你談判。各位要訓練自己偶爾說：「我不明白。你三分鐘前就把我搞胡塗了！」或者「你能用白話解釋一下嗎？」天真帶點不敬，再加上禮貌的堅持和提問，所謂的專家往往也會改變態度和行為。

## 6.「需求」知識的力量

所有的談判都是想協商兩件事：

1. 公開提出的具體問題和要求。
2. 對方真正的需求，其實很少用語言直接表達出來。

我再以西爾斯買冰箱的例子來說明這個區別。假設你走進大型家電區，對某業務員說：「老兄……這款四八九．五〇美元的冰箱，如果你以四五〇美元賣給我，我現在就付現！」

這個方法在西爾斯行得通嗎？不行。因為這麼做並不能滿足西爾斯的真正需求。為什麼呢？如你所知，西爾斯也許不算是真正的零售業，只是外表看起來像而已。西爾斯實際上是一家金融機構，可能更喜歡從你的購買行為中收費。這又是為什麼呢？因為它可以在你的消費循環帳戶中收取十八%的高額利息。

那麼，這種「立即付現」的方法在別家店有用嗎？有啊！看你用在哪裡。如果你是在欠缺現金周轉的小電器行，老闆可能就會馬上收錢賣給你。看吧！因為現金進來，他馬上能拿去周轉。而且這筆收入，他會不會誠實報稅，誰知道呢？

這是說，每個人的需求都不一樣。西爾斯也許不需要你的現金，但小店家的老闆就很缺錢。**如果你能合理猜測出對方的需求，就可以非常準確地預測你跟他的互動會發生什麼狀況**。

各位一定不要忘記，在每個看似冷酷無情的組織或機構背後，都有一些平常人在拚命滿足他們的獨特需求。要在任何組織中與任何人成功互動，你要做的就是先確定他或她的需求，然後滿足對方。所以當有人在談判時對你說：「這已經是最低價了！」你要搞清楚，那是真的最低價，還是**真的**真的是最低價？

基本上，我們說出自己想要的（即我們的要求），也未必就能真正滿足我們的需求。例如，假設我現在要買輛新車。我有特定車款目標，也選定某家汽車經銷商。這時我要從兩方面著手：

1. 我要盡可能多蒐集汽車本身的具體資料。這並不難，只需查看《車訊情報》（*Blue Book*）和《消費者報告》（*Consumer Reports*）就會看到很多。我也要跟最近購買那款車的人談一談、向維修過該款車的服務站師傅請教。關於這款車的性能、成本和可能的維修服務問題，我都詳細記錄筆記。
2. 其次，我盡可能多了解經銷商。只要找到正確的人，即那些跟經銷商買過車的人，再問些正確的問題，要獲得這些資訊也不難。我先確定該經銷商的聲譽沒問題。再了解他的業務現狀、維持庫存水準所需的融資頭寸、他的各項成本細目，以及他的銷售人員如何獲得報酬。我也要先跟其他競爭經銷商比價。

然後，關於經銷商本人，必須熟悉他的個人好惡、偏見和價值觀。要找出他是快速下決定或者深思熟慮的人。確定他是否喜愛冒險，或者以務實為依歸不多做幻想。

各位如果覺得這些聽來似乎不切實際，請記住：你是準備花費幾千美元購買一輛汽車，而你希望未來幾年都能獲得合理的好服務。就像我之前說過的，這筆交易要是值得你花時間和金錢，就值得預先做好準備，確保完成一筆好交易。

跟經銷商或主要銷售員面對面時，我會多多探索、觀察、提問和傾聽少說。如此一來，就可以獲得更多寶貴資訊，全力備戰把談判安排好。然後要把我的購買方式加以調整，滿足賣方那邊的真正需求。他們的真正需求可能是討價還價，像在東方市場中賣毯子的小販那樣討價還價。他可能在討價還價中的你來我往中得到樂趣。我對這種遊戲也很在行啊！針對高價商品做談判我最愛。我當然不會滿足賣家對價格的要求，但我會滿足他那些沒說出口的真實需求。交易就會在雙方都滿意的情況下完成。

## 7. 投入的力量

我們已經討論過讓對方在某種情況下投入時間、金錢或精神體力的重要性。這是讓最後通牒得以奏效的關鍵，也是構成「蠶食」策略的基礎（「你要送我什麼免費領帶呢？」）。三位日本紳士和美國企業老手交涉的例子中，這一點也很重要（「可以全部再講一次嗎？」）。所以，一開始碰面時，就要先爭取對方的合作。如果你想在後來使出殺手鐧或者給他最後通牒，當然是可以……但只能等到最後，在對方投入甚多之後。

投入的程度和妥協的意願，成正比。當年美國為什麼很難從越戰撤軍呢？因為當我們想要擺脫這一切時，已經為此犧牲了四萬五千名子弟兵啦。已經犧牲這麼多條人命，在美國的我們沒辦法就此輕易的放棄這些已犧牲的子弟兵。

各位要是買了兩支股票，或者做兩筆房地產投資，一個漲價，一個跌價，你會先賣掉哪一個？當然是賺錢的那個。另一個呢？你會繼續撐下去，說不定還愈買愈多呢！因為你如果覺得之前的價格正確，那麼現在肯定更便宜啦。大家要認清這個人性原則，而且讓它為你所用，而不是妨礙你。

再來看看有關投入力量的另一個見解：假設老闆指派我和一位考伯菲先生做談判。老闆說：「我希望你拿到這個價格。其他那些不重要的條件可以妥協，但價格不能動。這價格是鐵板一塊，不能動。」

我跟考伯菲開始談判。我們從理論上的第一格開始談。我陳述我方立場，考伯菲陳述彼方立場。我們經歷一些困難，但解決了分歧。我們接著進入第二格，這一格跟價格有關。我再次傳達我方立場，考伯菲陳述彼方立場。我們努力想要達成協議，但無法拉近差距。

我說：「考伯菲，這個我們待會再回來談吧。」

他說：「好吧。」

換句話說，經過許多辛勞艱苦和惱怒之後，我們先繞過這個出現僵局的問題。我們前進到第三格。雖然花了點時間，但我們就第三個方塊主題達成共識。我們再前進到第四格。經過掙扎和努力，最後也解決了。接下來是第五項，經過討論以後，我最後同意採納考伯菲的創意提議。

終於，我們已經接近終點線，在討論中的五大項目達成四項一致。考伯菲笑得合不攏嘴，他已經聞到勝利的味道。這場談判完全在他的掌握之中，至少他是這麼認為的。我問說：「考伯菲，我們可以回到第二格嗎？」

他說：「當然。也許我們可以在價格上妥協。」

我說：「啊啊，考伯菲，很抱歉，這個問題無論如何都沒辦法。價格很硬，整個不能動。」

現在想一下考伯菲的立場。他要是在這一點跟我翻臉，全部投入的時間和精神都白費了。到時候他又要跟另一人重新開始。而且據他所知，那個「另一人」說不定比我更難對付。正因如此，他這邊就不再堅持啦，我也就得到我要的價格。

我要強調的重點是：談判中如果碰上難以解決的問題，不管是感情問題，或者像是價格、成本、利率或工資之類的確實數字，**就先把它擺到談判的最後再來處理，到時對方已經付出大量的精力和時間**。

如果談判一開始就出現情緒問題或數字分歧該怎麼辦？你們可以先確認問題，略加討論，但把它推遲到之後再來解決；只有等到對方跟你一起花了許多時間之後再回來討論這一題。你會驚訝地發現，對方的投入程度，讓他們在談判快結束時變得更有彈性。

# 8. 賞罰的力量

你要是認為我有能力並可能幫助你或傷害你，不管是在身體上、經濟上或心理上，這就讓我在我們的關係中擁有「力量」。在這種狀況下，「真實」或「事實」到底如何，反而變得無關緊要。你如果認為我可以而且想要做什麼事來影響你（即使我不能或不願），我在跟你打交道時就有力量可以行使。正是這樣的認知，不管實際上存在與否，就會讓老闆的祕書擁有巨大影響力，就像過去善於興風作浪的國王情婦（短視的業務員以為老闆祕書只是團隊中的小人物。聰明人就曉得她可以為你鋪平道路，也可在你路上撒碎玻璃）。

由於大家都有獨特的立場和認知，因此某人覺得是個威脅的東西，另一人也許認為無害。有人認為是獎勵的事物，其他人或許覺得沒什麼大不了。獎勵或脅迫……正面和負面的接觸……根據個人看法與需求，都有很多種表現的形式。**我如果知道你的看法和需求，也知道你認為我對你具備影響力，我就可以控制你的行為。**

假設你認為我可以決定你是否升職或加薪、是否會被解僱、什麼時候可以去吃午飯、會不會在人前遭受斥責、辦公桌或辦公室會安排在哪裡、有沒有配置公司汽車或安排停車位給你、你的假期要排在何時，或者你的預算或報帳支出能不能增加。要是這些事情對你都很重要，你對我敢不實心侍候、小心奉承嗎？你最好識相一點！

這種力量甚至可以體現在看似微不足道的枝微末節上：假設我知道你認為我每天在你的辦公桌前停下來說早安，或者給你寄張聖誕卡或生日卡很重要。那麼我不跟你說早安或不寄賀卡給你，你還不快來討我歡心嗎？我再說一次，你最好識相一點！

其中有些似乎就只是小事，就像老酒鬼眼中的一杯熱牛奶，根本不值一顧，但真實世界就是那個樣子。我不是說別人要是認為你擁有這種權力，你就應該加以利用。但各位必須了解，實際上是有這樣的狀況。

這裡有兩件事要注意：

1. 除非對方確信你有能力並可能對他們帶來幫助或傷害，否則沒人會認真跟你談判。
2. 在敵對關係中，如果你認為我可能幫助你或傷害你，除非我得到一些回報，例如獲得讓步或重新定位，對我或我們的關係真正有好處，否則我絕不該降低你對我的威懾認知。

我說的不要降低威懾認知（不管這個認知是確有其事或只是想像），以下就是個例子。以前卡特總統剛上任的時候，他在外交政策上談到人權問題。到這裡也沒有什麼錯，但不幸的是，他接著說明美國會做什麼或不會做什麼。於是在一些對手的眼中，很快就把美國當做是一隻紙老虎，威脅性跟你鄰居的小貓一樣大。這裡他犯的不幸錯誤是公開地取消選項，卻沒有獲得任何回報。

例如，為了標榜美國要做為世界道德的領袖，卡特總統宣布美國絕不出兵非洲或中東地區。這時候，古巴的卡斯楚，叼著雪茄大概是在想：「是嗎？美國人不派遣武裝部隊去非洲啊！真是太體貼啦！如果是這樣的話，就讓古巴派兵去非洲吧！」古巴說到做到，派兵進入安哥拉和非洲之角（Horn of Africa）。

卡特總統應該讓卡斯楚感到撲朔迷離。對應軍事侵略行動，他應該保留外交施壓或軍事力量的選項（不管最後是否使用）。他的話應該這麼說：「我們是道德上的領袖，但我們不確定會做或不做什麼。各位想一想，在聖誕節前一晚派B－52轟炸河內的人不就是我們嗎？誰知道天氣一變冷，我們美國大兵想幹嘛呢！」

他要是這麼說，卡斯楚的雪茄保證噴出來。古巴傭兵如果進了非洲，每次有飛機穿出雲層，他們都要提心吊膽地看著。

這個教訓就是：不要把自己變成紙老虎。在競爭激烈的狀況下，除非你獲得回報，否則不要用消除選項來減輕對方壓力。讓他們在那兒東猜西猜，直到你得到你想要的結果。在地緣政治中，只要對手認為你可能承擔風險、動用武力，就可以扼阻侵略者的投機意圖。

## 9. 認同的力量

如果你能讓別人認同你，就能大幅提高你的談判能力。

讓我解釋一下。同樣是在購物中心裡頭，為什麼你比較喜歡這家店，而不是另一家呢？一樣是加油站，為什麼你都去同樣那幾家呢？為什麼你的支票帳戶是開在某家銀行而不是另一家呢？在浩大的商業世界中，你為什麼會跟某家公司交易，而不是它的競爭對手呢？

這其中牽涉的不僅僅是品質、便利性、價格或成本因素，還包括和你有所互動的人中，你對對方的認同程度，使你傾向於特定某方。

梅西百貨如果有某個人讓你感覺很好、很重要，或者他的接待讓你感到舒適也了解你的需求，那麼你必定認同並願意光顧梅西百貨，即使布魯明黛（Bloomingdale's）的東西看起來更好。因此，無論你與誰打交道，也不管出於何因，能夠爭取到他人認同的能力非常重要。

例如，過去ＩＢＭ公司的成功，大部分都是來自員工的專業素養，這不僅從外表上看得出來，也表現在他們對待客戶的方式上。幾年前我問過一家企業客戶，為什麼他們採購昂貴系統是找ＩＢＭ而不是它的競爭對手。客戶回答說：「我們在其他地方本來可以買到更便宜的，實際上，ＩＢＭ的品質也不是最好。不過，這個是非常複雜的系統，我們知道如果遇到麻煩，他們會幫我們解決！」這就是認同！

我們如何獲得別人的認同？你與他人交涉往來時表現出專業而且通情達理，就可以獲得他們的合作、忠誠和尊重。不要頤指氣使或虛張聲勢，而是要傳達理解和同理心。關心對方的需要、希望、夢想和抱負，從人性層面去接近每個人，希望可以幫助他們解決問題。各位要是能表現出這樣的態度和行為，就會釋放出微妙而令人心悅誠服的力量，就像是哈梅林魔笛手的魔力。

說起領導力和超凡魅力，我們最常談到的是那些行為舉止受到大家尊敬，進而引發仿效的人。追隨者甚至願意犧牲自我來成就領導人，這是強烈的認同讓他們認為，領導人勝利就是他們自己的勝利！

從佛陀、耶穌基督、艾森豪將軍到德蕾莎修女，歷史上充滿這類例子。雖然不是同一檔次，傳播媒體的明星會受到大眾喜愛，也是因為他們能夠激發廣泛認同。像《今夜秀》（*Tonight Show*）主持人強尼．卡森（Johnny Carson），那是賺錢賺到大概要開拖車來存放，他在電視螢幕上就是一副正派、體面、開放又討人喜歡的模樣，誠實表達自己的情感。他自諷自嘲妙語如珠，讓他更是平易近人，也把善解人意的氛圍傳送到整個北美洲的客廳和臥室。大家都很喜歡他。

認同的力量存在於各種人際交往的關係之中，包括商業交易和政治活動。例如，我有時候要接觸幾位專家來反覆從多個面向討論某個問題，除了自己要做足功課之外，我通常是比較相信我認識而且尊重的人的說法，因為他們過去就有良好的紀錄，因此我會跟隨他們的感覺與見解，這就是信任和認同。

我們很少承認或討論這種認同感，但它是我們決定購買什麼音響到支持哪個政治候選人的重要因素。在問題複雜、資料與事實充斥之時，我們都會受到我們認同的人的影響。有些選民強烈認同特定政治候選人，他們的投票傾向甚至願意犧牲自己的經濟利益。

不認同感也可以引發負面作用。有些人也許提出某些正確意見，但平時作人失敗惹人嫌厭，早就眾叛親離大家都不予寄望。也曾出現候選人 A 獲得大量支持，但不是他與選民親近，而是候選人 B 讓人更討厭。在我們的各種交易和決策中，也都有這種狀況出現。

讓我告訴大家，我自己對這個原則的經驗。

幾十年前，我剛從法學院畢業，就碰上美國經濟衰退。當時也沒人跟我說是因為經濟衰退才一直找不到工作，我還以為是自己有問題。十年後，我才知道那是因為經濟衰退，感覺就好多了。

因為那一陣子找不到工作，我就到法律援助協會幫忙，為一些遭到輕罪指控的窮人辯護。

我代表的第一批案子中，有一位被指控盜竊的男子。我現在回顧這件案子，相信他大概真的有罪。為什麼這麼說呢？(1) 他在兩個不同的司法機構兩次都自白坦承犯案；(2) 案發現場到處留有他的指紋；(3) 遭到逮捕時，他還正在看那臺被偷的電視呢。

這可不是什麼打得贏的官司。

雖然勝算不大，但那時候的我年輕又認真，努力幫客戶爭取法律賦予的全部權利。在準備辯護的過程中，我還去監獄探望被告。但幾次探訪下來，他的說法和不在場證明一變再變，顯然我的客戶是個笨蛋又很愛說謊。要不要讓他站上證人席我很猶豫，因為我知道他的說法處處矛盾，很容易暴露洩底。

但我還是要找人上台為他作證，最後就選了他媽媽。不管是在什麼狀況下，媽媽都會為自己的孩子作證。委託人的媽媽就是個人畜無害的老太太：頭髮花白，戴著厚厚的眼鏡，拄著拐杖；那種你一看到就想扶她過馬路的老太太。

在她被引導到證人席後，我開始質問她。不到兩分鐘我就知道，我客戶那些問題顯然有些是遺傳而來的。因為她媽媽也是個笨蛋兼騙子。她可以在一百二十秒內自相矛盾四次。我在那裡問得唇焦舌燥，問完坐下，心想這案子是輸定啦！

但不知道為什麼，檢察官也不罷手，一樣對證人緊追不捨。他和老太太對質，開始激烈的交叉詢問。他顯然不只認定她兒子、也就是被告有罪，而且還想讓大家知道他罪大惡極、罪無可赦，是法庭上最、最、最罪有應得的被告之一。

檢察官一直在貶低被告媽媽作為證人的可信度，但他這時做得太過分。他設圈套絆住老太太，對她糾纏不放，一會兒大喊大叫，一會兒厲聲斥責。到最後她整個崩潰了，當庭痛哭嗚咽。她一邊抽泣，一邊擦去眼角淚水，眼鏡從臉上掉了下來。這時檢察官後退一步，不經意就把她的眼鏡踩在腳下。

法官匆忙宣布休息後，叫我去證人台幫忙，帶領歇斯底里情緒激動的老太太下來。這時候我剛好看了一下陪審團，突然就知道接下來會有什麼狀況。我感到很驚訝。現在那個陪審團十分厭惡檢察官的表現。我敢說他們一定是在想：「這個可憐的媽媽有個犯罪兒子已經夠糟糕了，那個怪物檢察官還要這樣羞辱虐待她嗎？」

結果陪審團很快做出無罪判決！這是我那個人生階段中為數不多的勝利之一。

請各位不要因為這個誤判而責備我。其實不是我贏了那個案子，而是對方自己輸掉的。為什麼呢？因為檢察官在庭上的作為模糊了事實焦點，導致陪審團無法認同，也不願接受他提出的有效觀點。結果陪審團的投票和檢方證據背道而馳。

這種認同力量（不管是正面或負面）在談判和決策中都會發揮著重要作用，而且往往比大家願意承認的還多。所以啦！注意你的行為舉止，得體有禮，樂於助人，這就像是在大沙漠上帶著一壺水，大家都會喜歡你。

# 10. 道德的力量

在西方世界長大的我們，大都帶有類似的倫理和道德標準。這是從我們就讀的學校或教堂學到的，或是在自己家裡觀察到的行為舉止，也可能來自商業界和街頭的熟人。不管怎樣，我們對於公平的概念通常極為類似。人生在世，也很少人會相信自己所做所為不是為了人類的「善」。

這就是為什麼，我們如果對人提出無止境的道德要求，往往都能奏效。或者是當我們毫無防備、毫不偽裝地坦誠相對，對手反而可能屈服。為什麼呢？因為他們能與你共感，也不願趁人之危，利用真正不設防的人。

即使有人有法律當靠山，理論上可以輾壓你，但你要是說：「你當然是可以為所欲為，我任憑處置……但這樣做是正確的嗎？」如此求饒，說不定還有一線生機。即使是在司法體系之中也是如此。有些被告只能指望法院的憐憫，而法院有時也確實會給予憐憫。

例如，被告站在法官面前辯解說：「法官大人，長期把我關在監獄裡頭是正確的嗎？我家有三個小孩、有老婆。不放我回家，只是在懲罰他們。法官大人，我不逃避我的懲罰，但請考慮一下過長刑期對我家人的影響。法官大人，我知道我這樁罪行應該被永遠隔絕，但這對我無辜家人來說是正確的嗎？」很有可能，法官在量刑時就會再三斟酌。

但是這樣的呼籲或請求，對於不同文化、不同價值觀的人是否適用？不行。對於接受不同教養薰陶的人是否適用？不行。那些在不同文化成長的人，例如回教基本教義什葉派，他們無法理解我們的寬容和解、忍辱求和的概念。他們所能理解的是力量、投機和報復。不要被這種人當傻子，我們應該根據他們的價值體系適當調整做法。

不過，我們所接觸的人，也大都是在同一文化背景之下。所以你身邊的人，像是自家先生或太太、老闆或部屬，要是貶損你、讓你失望、蓄意中傷、惡意服從或不守承諾，以種種不入流的手段想來影響你，這時你就可以問問對方，這樣的手段是否公平和正確。不出所料，就算是最油滑、自私自利和厭世者，面對這個問題也會心理動搖。

## 11. 慣例的力量

先前在西爾斯買冰箱的例子中，說很多人覺得在不二價店不能殺價，我就提到這種力量。我要是問他們為什麼，他們都會回答：「不然大家怎麼會說它是不二價店呢？」

我也說過：不要把自己有限的經驗當作是普世的真理。我們要透過測試假設，強迫自己走出經驗領域。不要把自己鎖在過時的行事方式，故步自封。

把自己鎖在經驗中或被別人鎖在裡面很容易，慣例的力量來自「不要找麻煩，節外生枝」、「不要跟成功前例爭論」和「以前都是這麼做」的看法。這是按照當前的方式來施加壓力……或者按照過去的做法。把當前或過去慣例、習俗、政策和做法當做是神聖不可侵犯。慣例被當做是做事的唯一準則，而「改變」成為骯髒字眼。

例如，華府的新總統、企業的新執行長或任何歷史悠久組織的新領導人，他們要面對最為棘手的任務，就是改變根深柢固的陳規陋習。尼克森總統在一九六八年大選後宣布：「現在是擺脫大政府的時候啦！」結果幾個星期以後，他提出美國歷史上最大的聯邦預算。

不過慣例力量的另一面，也可以作為改變的藉口。美國汽車工會在勞動契約實現七%加薪時，加拿大汽車工會也以美國為例，迅速談成相同比率的加薪。這個道理很簡單：「這就是我們的模範啊！他們做到了，我們也可以！」

田納西州孟菲斯市長曾公開宣布，警察和消防隊員要是敢罷工就馬上開除。他們果真罷工也都丟了工作。但幾天後雙方達成和解，市長又讓大家恢復原職。後來芝加哥的消防隊員也展開罷工，心想要是遭到停職，也會在達成和解後恢復。後來證實他們的預期是正確的。

換句話說，如果A地方的人做了某事，B地方知道後大家的行事作為也會受到影響。現在資訊傳播的速度很快，大家都會看電視。因此，各位若要控制好狀況，不希望A地發生的事情影響到B地，就要先做好準備可以向B地的人說明兩者狀況或條件有何不同。

避免受到慣例力量「牽引」的同時，其實善加利用也可以為你帶來優勢。為了證明你的作為或要求實屬正當合理，當然可以援引符合預期成果的類似前例。

比方說，你為了省點錢，想在零售店講價，但銷售員說：「抱歉！你知道我們不殺價的！」這時候該怎麼辦？你說：「等一下。你當然也會給折扣！我兩星期前在五金工具區買了一把鐵鎚，上頭有點瑕疵，店員還便宜我兩塊錢！」

有些傳統上的流行說法，雖然不合邏輯但還是很有用。例如要買電器或汽車，你可以要求：「我要買去年的機種（或車款），不要今年的。」為什麼會這麼說呢？因為大家都知道去年的型號必定比今年的新款來得便宜，雖然是去年機種或車款，其實也是全新出廠。而且誰知道一九八〇年款和一九八一年款的冰箱是有什麼差別？難道會多了一副尾鰭！以價格來說，沒有使用過的新車或新電器本來也不必降價，但傳統以來的行銷方式對你非常有利。那就不客氣地利用吧！

## 12. 堅持的力量

堅持之於力量，就像碳原子之於煉鋼。只要努力不懈地咬穿堤壩，一隻小老鼠就能淹沒整個國家。

**很多人在談判時大都不夠堅持**。他們向對方展示某些東西，如果對方不馬上「買單」，他們聳肩不在意，又繼續推銷別的。各位，如果你也是這樣，我建議你要改進！

你要學會堅守不退，繼續進攻，要拿出毅力展現韌性！這就是卡特總統讓人欽佩的特質，他很頑強、很堅定，他非常堅持不懈。

就我看來，卡特總統其實是道德高尚而正派的倫理之士。不過這讓他可能也是美國史上最無聊的領導人。你跟他相處超過十五分鐘，就會像吃了鎮靜劑一樣。曾有人打趣說：「跟卡特在爐邊聊天，連火都會熄滅。」簡單一句話，他老兄一進門，就好像誰死了一樣地嚴肅。

但他在馬里蘭州山區的總統行館卻有效運用這個反向魅力，成功拉攏埃及的沙達特（Anwar Sadat）和以色列的比金（Menachem Begin）坐下來談判。

大衛營可不是西方世界的所多瑪和蛾摩拉。這裡絕不是什麼浮游浪蕩之地，連平常人都會覺得無聊。最讓人興奮的活動大概是在戶外撿松果和呼吸松香芬多精吧。

卡特知道這一點，而且知道自己想達成「至少可接受的結果」，他聰明地注意到這個地方——十四人只配了兩輛腳踏車，而且完全沒有其他娛樂設施。晚上為了放鬆一下，這幾個多住幾天的貴客也只有三部無聊的老電影可以看。住到第六天，大家都看過兩遍啦！真的超無聊。

但每天早上八點，沙達特和比金都會聽到一樣的敲門聲，接著是熟悉的單調聲音：「嗨！我是吉米．卡特，已經準備再過無聊的十小時，做同樣無聊的事。」這樣到了第十三天，如果你是沙達特和比金，你就會簽署任何協議好離開那裡。大衛營和平協議是個經典，全靠吉米．卡特的耐心和堅持。

各位沒親身參與大衛營和平協議，但你也一定碰過許多狀況。例如為了索賠事宜和保險公司爭吵不休。你開了六年的舊車原本狀況良好，但在一次事故後報廢。它的帳面價值只剩五百美元。但是你不願以低於八百美元的價格更換那輛車。你才不管什麼規範書上說了什麼。不管怎樣，那本書也只是一些白紙黑字而已。

這時候你要怎麼辦呢？

你要跟保險公司強調你要的賠償金絕不低於八百美元。你可以這樣說：「我很樂意上法庭……承擔所有隨之而來的費用和消息曝光！」

你說的費用和消息曝光，會引起理賠員的注意嗎？你可以賭一瓶你最喜歡的波旁威士忌。他知道上法院表示拖延、不確定，還有來自政府機構和州保險局的介入調查，保險公司跟索賠人起糾紛也會影響公司聲譽。他還知道走訴訟程序要支付法律費用，動用到本來可以拿來投資獲利的儲備金。

可能還有一些實際考量會阻止保險公司跟你上法庭……考慮範圍可能從找不到

目擊證人到公司律師的工作已經非常繁忙等等，各種理由都有。

那麼你會得到你的八百美元嗎？是的。如果你繼續找理賠員和他上司持續溝通，寄出申訴信函、提供其他資訊（例如維修帳單和收據），來證明你這輛汽車是不在書面規範之內的「獨特車輛」。堅持總是會有回報的。

# 13. 說服力的力量

在我們的文明社會中，大多數人在行事作為上都太過依賴推理。我們從小就相信做人做事要合理合邏輯。但邏輯本身其實很少影響個人作為。甚至在大多數情況下，根本行不通。

各位如果想說服我相信某事、做某事或購買某個東西，必須具備三條件：

1. 我要能明白你在說什麼。你的說法必須訴諸我的類似經歷或特定印象。為了做到這一點，你必須進入我的世界（這就是為什麼我們很難跟笨蛋或一些我們認為的瘋子進行談判）。

2. 你提出的論據必定是周密渾成，無可辯駁。

3. 我相信你必定可以滿足我現有需求和願望。

在這三個條中，顯然第三個（滿足我的需求與願望）最重要。我為什麼這麼說呢？因為就算你提出的論據無可辯駁，要是結論一樣讓我灰心失望，我照樣不會信服你。雖然你提出事實和邏輯也許是無懈可擊十分完美，但接受它們並不會滿足我現有的需求和願望。家裡有十幾歲孩子的父母，大概會比多數人更了解這種完全不合理的現象，但說服失敗的根據往往就像這個樣子。

廣告業的業務是利用說服概念來影響潛在消費者。各位在電視上都看過某個除臭劑的廣告吧。你只要在腋下噗哧、噗哧噴兩下，就能在身體周圍形成一層無形的防護罩，一天二十四小時全天候保持氣味清新怡人。廣告商不在乎你我是否理解這支廣告，或者其說法有沒有證據支持，它只想展示這種噴霧劑會如何滿足你想要大家接受的需求與願望。

說實在的，我自己也看不懂那支廣告，我也知道什麼隱形防護罩的說法根本沒有證據支持。我從來沒看過什麼隱形防護罩啊！也不知道誰會有那個東西，更別說是什麼隱形的！但我還是會相信有什麼隱形防護罩圍繞著我，讓我在任何情況下都感到輕鬆自在，不必擔心身上有異味。

比方說，我們在某個社交場合見面，我靠近你想跟你說些事情。這時候你稍微後退。我要是沒在兩小時前噴除臭劑，也許就會以為你稍稍後退是在暗示我個人衛生有問題。但我現在既然還有二十個小時的隱形防護罩護身，我想出問題的是你旁邊那個人，不會是我。

說到問題啊，幾個世紀來，大家都以為是太陽繞著地球轉。我們都以為地球是宇宙的中心。後來有個聰明人哥白尼，他提出太陽系的新理論來破除迷思。他直接就說啦：是地球繞著太陽打轉。

當時代那些有權有勢的人打著哈欠，點了點頭。他們用一種抽象的理智來理解哥白尼。沒錯，他的邏輯很有說服力，無可辯駁。只有傻瓜才會對那些論據提出異議。但沒有人心悅誠服地接受他的理論，他的發現對任何人的生活也都沒影響。這種老套根本就是無聊！地球繞著太陽轉的事實，顯然不比貓吃老鼠的事實還重要。

直到有一天，某人突然說道：「喔，等一下！這個發現，可以用在新的天文學啊！你知道嗎？這麼一來就能在大海航行，不會迷失方向。我們可以派人去遙遠的地方，找到異教徒，打敗他們、征服他們、剝削他們，來減少我們的失業。我們還能搶到很多金銀財寶帶回來！這會滿足我們現有的需求和願望！」

這次沒人打哈欠囉。有人就說：「忘掉以前那一套吧！現在我們跟那個波蘭小子哥白尼一起前進！」於是科學再一次向前邁進。

這個的教訓是：各位若想說服大家，就從滿足**他們需求與願望**的角度，來展示你的說法和價值。

## 14. 態度的力量

你知道為誰談判最麻煩？

為你自己。

如果是為了別人談判，你就可以做得更好。

為什麼呢？

因為為了自己去和他人進行交涉時，我們往往太認真、太過用力。因為你最在乎你自己嘛，結果反而帶來莫大壓力和緊張。如果是為別人進行談判，你會比較放鬆自己，也會比較客觀。因為你不像對自己那般斤斤計較，甚至會覺得這個狀況很有趣或像個遊戲；也的確是個遊戲。

一旦自己牽涉其中，都會出現這種過度關心的特性。我最近受託代表海外某大銀行處理大型財務談判。這筆交易可是關係到好幾百萬美元啊，大家對此都很緊張……除了我。我很放鬆啊，不但享受這次出差之旅，也能明確清晰地思考。各位知道我面對這麼大的風險，為什麼還能如此冷靜嗎？因為利害攸關的是那些銀行家，不是我嘛！萬一出了錯，他們可能要損失幾百萬美元，我要是他們當然也會擔心。但我那時候只是按日領錢，所以我的態度是：「過一天，就賺一天！」我把他們的大型金融談判當作是一場遊戲，還真是有趣。當然談判進展我也是在乎，但不必過度在乎。不過等我回家看到女兒的成績單，遊戲就結束，也不再有趣啦。這時候，在家裡餐桌旁的交涉就變得很鄭重，因為我很在乎嘛！所以我不知道在家的表現，會不會像在國外那麼好。

我們可以把自己碰到的事情和狀況，包括你的工作，全部都當作是一場遊戲，當作是個幻想世界。我可以稍微退後一點，來欣賞這一切。當然碰到事情要盡力而為，但萬一發展不如你的預期，也不要這樣就崩潰。各位請記住，凡事都很少像外表看起來的那個樣子，甚至脫脂牛奶也能假裝是奶油。美國音樂家、電視節目主持人也是喜劇演員的奧斯卡・黎凡特（Oscar Levant）曾說：「你剝開金蔥條，會發現底下有什麼？真正的鐵絲嘛。」

各位可以訓練自己，在每次談判時問說：「要是一切都出大包，我會沒命嗎？」如果答案是否定，請教自己說：「沒什麼大不了」、「誰理你啊？」或是「那又怎樣咧？」我們要培養出關心的態度，但千萬不必過度關心。套用美國作家尤金・歐尼爾（Eugene O'Neill）說的話：「這一幕只是上帝天父電光石火的奇妙插曲。」

我們在工作和工作之外的各種談判場合，要是能培養出這種健康又有趣的「遊戲」態度，三個好處會隨之而來：

1. 你會擁有更多的能量，因為我們在做自己喜歡的事時，總是最有能量（在又煩又忙的一天結束時，你一定感到極度勞累，這時要是有人邀你玩遊戲或某些你很感興趣的事，你會發現馬上能量充沛，原本的疲勞一掃而空）。
2. 你承受的壓力會減輕。血液中的尿酸會減少，高血壓的傾向也會降低。你慢跑甚至可以偷懶一些，因為身體狀況變好了（要是工作變得有趣，你的焦慮感會降低到像參加乒乓球比賽一樣）。

3. 你能獲得更好的結果，因為你的態度自然會表現出力量和對生活的掌控（你傳達出對於選項的自信，大家就會樂意追隨和支持）。

讓人感到諷刺的是，這種態度最明顯的實踐者竟是一位常在媒體曝光的牧師。艾克牧師是電視和廣播界的明星，他的布道和非正統風格吸引了廣大信眾追隨者。他宣揚「綠色力量」，常常要求信眾「幫上帝一個超大忙」。

有一天他在信眾之中走來走去，一遍又一遍地重複說：「別擔心。沒什麼好擔心的。」

一個教區信眾舉手說道：「艾克牧師……你不知道。我有一個嚴重問題。我現在很擔心。」

牧師冷淡地說：「喔，不必掛意！」

「不，不行！我不能……這很嚴重，我還是很擔心。」

「那麼告訴我，」牧師說：「什麼事能讓你這麼煩惱？」

「是銀行，」教區信眾說：「我欠銀行六千美元。貸款明天就到期。我到現在一塊錢都湊不出來，我真的很擔心。」

艾克牧師毫不猶豫地回答：「我的好人，這你有什麼好擔心的？碰上嚴重問題的是那家銀行！」

雖然我一直懷疑艾克牧師的開導像是在模仿某個老笑話，但他這種態度的確值得一提。

之前我們是把Power放在放大鏡下仔細觀察。現在讓我們再次回顧，每次談判都會存在的三個關鍵變數：

1. Power
2. 時間
3. 資訊

現在該來看看時間了……

## 〔談判提醒〕

- 永遠不要在別無選擇的狀況下進行談判。想要你的錢的人愈多，你的錢當然就會更值錢。
- 只要對自己有利，你可以運用正當性的力量，也可以直接面對去挑戰它。
- 要理性，不要衝動。永遠不要因為驕傲、急躁或者只是意氣用事而冒險。
- 獲得大家的承諾、讓眾人分擔行動，才能同心協力。參與才能激發承諾，承諾就會產生力量！
- 在談判一開始就要先拿出專業背景和資歷。當你成功地建立專業背景與資歷的印象，你的陳述甚至可能不會再受到質疑。
- 多多探索、觀察、提問和傾聽少說。如此一來，就可以獲得更多寶貴資訊，全力備戰把談判安排好。

- 談判中如果碰上難以解決的問題，就把它擺到最後再來處理。
- 不要把自己變成紙老虎。在競爭激烈的狀況下，除非你獲得回報，否則不要用消除選項來減輕對方壓力。
- 如果能讓別人認同你，你的談判能力就會發揮到極大。想要獲得認同，不要頤指氣使或虛張聲勢，而是要傳達理解和同理心。
- 當我們毫無防備、毫不偽裝地坦誠相對，對手反而可能屈服。
- 避免受到慣例力量「牽引」的同時，其實善加利用也可以為你帶來優勢。
- 只要努力不懈地咬穿堤壩，一隻小老鼠就能淹沒整個國家。堅持總是會有回報。
- 若想說服大家，就從滿足他們需求與願望的角度，來展示你的說法和價值。
- 在每次談判時問自己：「要是一切都出大包，我會沒命嗎？」

# 05 時間

只要你在結束之前到達
就永遠不會遲到。
——詹姆斯．沃克（James J. Walker）／美國演員

時間向前奔走是公認的真理。不管我們做什麼，它移動的速度對我們所有人都是一樣的。由於我們無法控制時鐘滴答走動，就必須檢查時間流逝對談判過程有何影響。

我們說到「談判」，大都把它當作一個事件，有明確的開始和結束。如果是這樣的事件，就會有一個固定的時間範圍。可能是從某天上午九點開始，你安排跟老

闆開個會，詢問為何遲遲不加薪的問題。由於他的祕書告訴你下一小時老闆還有約會，你就知道時限了。你認為你的會議將在上午十點結束。

以下描述談判起點為G（你進入老闆辦公室開始），終點為K（老闆站起來送你到門口），就是我們說的最後期限。這個詞聽起來很不吉利（直譯即「死線」〔deadline〕）。

假設這是精準的描述，多數的讓步行為會何時發生呢？在G、H、I或J點？在每次談判中，讓步幾乎都是在J點和K點之間出現，盡可能接近最後期限。而且，所有談判的協議或和解幾乎都會拖到K點（或者可能到L點），到了最後期限甚至超過才出現。

換句話說，如果老闆認同你的說法，最後同意加薪，很可能是在九點五十五分才會發生。直到最後一刻才會出現行動的事實，在每一次談判中都適用，像是：

大多數人會拖到什麼時候才願意報稅？

你如果叫祕書打份報告，給她七天期限，你猜她什麼時候會完成？

給學生兩個月時間交學期報告，學生會在什麼時候交作業？（別說交作業，你猜他們什麼時候才會開始寫？）

就算是美國國會這種紀律嚴明和負責任的機構，也是拖到了休會前才通過大部分立法。

因此在任何談判中，最重要的讓步與各種和解都是在接近最後期限才出現。所以啦！要是我知道你的期限到什麼時候，但你不知道我的期限，請問誰占了優勢？如果你拘泥於白紙黑字上規定的時間（因為你看它印成白紙黑字就相信），而我對時間比較有彈性（「哇，期限說是這個，不過真正期限其實是那個。」），誰會占優勢？當然是我。為什麼呢？因為在談判逼近你認為的最後期限時，你承受的壓力會很大，最後就會讓步。

當我看著你侷促不安的時候，我可以遲遲不對你做出任何讓步，即使我的截止期限其實就緊跟在你後頭。以下例子，就是我艱難學到的教訓：

二十年前，我在一家跨國營運的公司上班。我的頂頭上司是那種典型的重量級主管，他會說：「喂，科恩，端幾杯咖啡來，兩杯加奶精、兩杯加糖！」套句美國喜劇演員羅德尼．丹吉菲（Rodney Dangerfield）說的話：我沒有得到尊重。

在幫那些大頭目泡茶端咖啡的同時，我碰到很多從國外出差回來的人，聽到許多異國風味的故事。有時我會在上班前的吃早餐時碰到他們。我會問：「嘿！你剛剛去哪兒了呢？」

有人會說：「喔，我剛從新加坡回來，我在那裡完成九百萬美元的交易。」

然後轉向另一個，我又問：「你呢？」

他會說：「喔，我在阿布達比。」我根本不知道阿布達比在哪兒。

他們也會禮貌回問：「你去了哪裡？」

我能說什麼呢？好吧，我去了動物園……水族館，不過我很想逛逛植物園。我簡直沒有什麼可說的。年輕人都需要累積一點「戰鬥故事」嘛，所以我每個星期五都去找老闆，一遍又一遍地懇求：「給我一個重要任務。送我出去！讓我成為一名談判者。」我緊咬不放糾纏他好久，他終於咕噥了一句：「好吧，科恩，我派你去東京對付日本人。」

我真是欣喜若狂啊！我興奮地告訴自己：「我揚名立萬的時候到啦！這是命運的召喚！我要先幹掉日本人，然後再橫掃全世界！」

一週後我搭機前往東京，準備進行為期十四天的談判。我帶了好些討論日本人心態和心理的書，我一直告訴自己：「我一定會做得很好！」

飛機在東京降落，我一馬當先走第一個，迫不及待地小跑步下飛機。底下有兩位日本紳士在等我，禮貌地鞠躬。我喜歡！

那兩位日本人幫我通關入境，護送我坐上大型豪華轎車。我舒服地斜躺在豪華座椅，他們兩人僵硬地擠著兩張折疊凳。我慷慨說道：「你們為什麼不坐過來呢？後面的空間還很大。」

他們回答說：「喔，不行。你是重要人物，顯然也需要休息。」真是令我心花怒放。

在豪華轎車的車行途中，其中一位接待問我：「順便問一下，你懂語言嗎？」

我回答：「你是說日語嗎？」

他說：「對，就我們在日本說的語言。」

我說：「喔，不會，但我希望能學會幾句。我還帶了一本字典過來呢。」

他的同伴又問：「你會擔心回程趕不上飛機嗎？」（直到這時，我根本都沒想過這件事）「我們可以安排這輛豪華轎車送你回機場。」

我心想：「真是太體貼了！」

我伸手進口袋掏出回程機票遞給他們，這樣他們就知道何時要派豪華轎車來接我。這時我完全沒意識到，他們已經知道我的最後期限，但我不知道他們能撐到幾時。

他們沒有立即展開談判，而是先安排一些旅遊參觀行程，讓我體驗一下日本的熱情好客與文化。在一個多星期的時間裡，我在日本四處遊覽參觀皇居、京都神社。他們甚至幫我報名英語介紹的禪宗課程，來體驗一下他們的宗教。

每天晚上有四個半小時，我們坐在硬木地板的座墊上，享用日式晚餐和一些娛樂活動。你能想像在硬木地板坐那麼久是什麼感覺嗎？我沒因此長痔瘡，大概就永遠不會吧。每次我詢問談判何時開始，他們都說：「時間很充裕！時間很充裕！」

一直拖到最後的第十二天，我們才開始談判。但議程提前結束，大家才能去打高爾夫球。第十三天我們又開始談，因為是最後一晚的告別餐會，我們又提前結束。終於到了第十四天早上，我們開始認真談判。就在我們逼近問題核心關鍵的時候，豪華轎車已經開來要送我去機場啦。我們匆忙擠進車裡繼續討論條款。就在豪華轎車在機場航站踩剎車時，我們完成了交易。

各位覺得我在這次談判的表現如何？很多年以後，我老闆都說這是：「珍珠港事變以來，日本第一次偉大勝利。」

為什麼會輸得這麼慘呢？因為東道主知道我的期限，但我完全摸不透他們。他們遲遲不願讓步，已經猜到我不會白跑一趟讓自己空手而歸。而且我幾次表現出焦急不耐，無疑正顯示我預定離開的最後期限是不能拖延的。彷彿離開東京只剩那架最後的班機。

就算是最有經驗的談判者偶爾也會落入類似圈套。比如說，各位還記得美國想從越戰脫身的往事嗎？

我們花了好幾個月的時間想讓北越坐上談判桌。幾個月來，我們直接喊話或是找人代為說項傳達意圖，但都無濟於事。

其實他們的意思就好像在說：「這場戰爭我們已經打了六百二十七年啦！要再打它個一百二十八年有什麼關係？像這種三十二年的戰爭，對我們來說，也只是一瞬間而已嘛！」美國人怎麼吃得消啊，三十二年叫瞬間而已！

但北越真的這麼好整以暇嗎？當然不是。他們有最後期限嗎？是的，就像我在東京打交道的日本人一樣。他們是否也承受壓力，至少想要結束這一階段的武裝衝突呢？當然。但他們繼續張牙舞爪虛張聲勢，因為他們知道美國人不想在東南亞毫無止境地打下去。

經過幾個月持續不斷的武裝掃蕩，北越終於讓步了。就在美國總統大選之前，他們同意在巴黎舉行和談。美國馬上派遣外交老兵哈里曼（Averell Harriman）作代表，他在巴黎市中心芳登廣場的麗池飯店租了一個房間，按週計費。

各位還記得北越怎麼做嗎？他們跑到巴黎郊外租了一整間別墅，租期是兩年半。你認為北越這種對時間的態度，還有之後在談判桌上無休止不斷重複的各式爭論，對談判結果有影響嗎？絕對有。現在回想起來，就可以理解為什麼巴黎和平協定不能成功結束越戰，至少不是以我們滿意的方式。

儘管他們對時間似乎毫不在意，但北越確實也有最後期限。各位請相信我，對手方，每一個「對手方」一定都有最後期限。要是他們沒有談判壓力，你根本就找不到他們來談。但是對手方一次又一次地表現出漠不關心，這種冷姿態確實是有效。這是因為你感受到自己時限上的壓力，而且覺得你的壓力好像比他們大許多。這種狀況在所有談判中都會出現。

還記得西爾斯賣冰箱的業務員過一段時間就回來問你：「嗨！決定好了嗎？」在那平靜外表下很可能隱藏著焦慮不安，因為老闆早上才警告他：「今天要是冰箱再賣不出去，你就等著調去外島加油站！」

這是你可以信賴的另一原則：截止日期，不管是你的或對方的，通常比你知道的更有彈性。你的最後期限是誰給你的？基本上就是你自己，這是來自你的自律或時間管理。也許你的老闆、政府、客戶或家人或許也有關係，但你的截止日期主要還是你自己制定的。

既然如此，你也不必太過生硬死板，盲目地遵循截止日期。我並不是說你應該忽略最後期限，而是說你應該仔細分析。由於截止日期其實也是談判的產物，所以往往還是可以騰挪調整、可以談判的。

你要問自己：「萬一超過最後期限，會發生什麼事呢？必然產生損害或一定會遭到處罰嗎？會受到多嚴重處罰？簡單來說，就是要承擔多大的風險？」

比方說，我們都知道美國所得稅申報截止日期是每年四月十五日。所以你延遲申報會怎麼樣呢？有人會用槍托敲開你家大門，直接把你拽進大牢嗎？大概不會這樣啦。

仔細分析這個期限，衡量行為的標準大概就是：你是欠政府錢呢，還是政府欠你錢。如果你真的是欠稅大戶，國稅局就會處罰你，追討欠款加計利息還要課以罰則。但是政府對於欠稅的利息，如果跟銀行貸款利率比起來，你會發現政府的條款其實還比較優惠呢。

所以這個問題其實是：「你想跟誰做生意呢，是地方銀行的高利率還是美國政府的合理利率？」如果是我的話，我會說：「我跟山姆大叔站在一起！」

如果是政府欠你錢但你沒按時申報，又會怎樣呢？雖然你的退稅可能要等得比較久，但不會有罰款。為什麼咧？你沒跟國稅局收利息，它們就很高興啦！不過那些知道自己可以獲得退稅的人，一定想盡方法弄到四月十五日午夜之前的郵戳。其中有些人也許因為最後一刻太過匆忙而算錯稅款，最後要遭受代價昂貴又耗力費時的稅務審查。

各位可以問問自己：「如果是政府欠我錢，我幹嘛用跑的？」然後對自己說：「我就輕輕鬆鬆地再檢查一遍申報表，仔細驗算，等我有空再去郵局寄出吧。」

之前所見，我們看待時間和運用時間的方式，對談判成果非常重要。時間甚至會影響到相互之間的關係。例如約會遲到，可能被視為自大或敵意，但提早到達也可能被當作是焦慮或沒考慮到他人的感受。時間因素未必是偏向哪一方，這要看情況而定。不管可能影響談判氛圍的各自解讀為何，有一些已經歸納得出的看法，值得在此重述：

1. 由於讓步行為與和解，大都是在最後期限甚至超過時限才出現，所以大家要耐心等待。真正的力量通常要求能夠禁得起緊繃局面而不逃。各位要學會控制你的自動防禦反應，保持冷靜，但要注意可以採取行動的有利時機。一般來說，**耐心都會有回報**。要是你當下不知道該做什麼，很可能最好就是什麼都不做。

2. 在敵對談判中，最好的策略是不讓對方摸透你的真實期限。各位一定要記住，「最後期限」也是談判的產物，所以它比大多數人意識到的更有彈性、更靈活。絕對不要盲目遵從最後期限，而是仔細評估逼近期限邊緣甚至超越界限時會有什麼好處和壞處。

3. 「對手方」雖然看起來從容、靜定，但一定也有最後期限。他們外表的平靜，大都只是在掩飾巨大壓力和緊張。

4. 只有在對自己保證有利的狀況下，才可以採取急切行動。一般來說，倉促行事不會得到最好的結果，只有秉持耐心慢慢推進才能實現良好成果。通常，逼近最後期限時，權力就會轉移，而提出有創意的解決方案，甚至是對方的態度徹底改變。人也許不會改變，但隨著時間推移，形勢會變。

在檢討過Power和時間之後，我們轉向下一個重要元素：資訊……

【談判提醒】

- 在任何談判中，最重要的讓步行為與和解，都是在接近最後期限才出現。
- 要是你當下不知道該做什麼，很可能最好就是什麼都不做。
- 在敵對談判中，最好的策略是不讓對方摸透你的真實期限。
- 只有在對自己保證有利的狀況下，才可以採取急切行動。

# 06 資訊

有些人只是感覺好像下雨了，
但別人早就渾身濕透啦！
——羅傑．米勒（Roger Miller）／美國創作歌手

資訊是問題的核心，打開成功的大門就靠它。資訊會影響我們對現實的評估和做出的決定。那麼，我們為什麼無法獲得足夠的資訊呢？因為我們跟別人進行談判時，常常把它當作是個有頭有尾的封閉事件。在危機或「焦點事件」發生之前，我們大概都不知道要蒐集什麼資訊，也因此產生一連串不良後果。

只有在緊急情況和急迫的最後期限下，我們才會認為自己要開始談判。於是我們突然走進老闆的辦公室、走進汽車經銷店，或者跟西爾斯的冰箱推銷員打招呼。

到了這個時候才想要獲得什麼資訊，當然都很不容易。

在討論「時間」的時候，我們會看到談判的結尾其實比大多數人知道的更靈活；同樣地，談判的起點，實際上也總是比真正面對面時更早發生，也許是幾週前，甚至幾個月前就已經開始了。各位在閱讀這本書的時候，其實也是在許多談判的「過程階段」，真正談判事件，要再經過一段時間才會逐漸浮現。

因此，談判，或是說任何有意義的互動，都不是一個單一事件，而是一個過程。如果各位不介意的話，我會說談判就像是在作績效評估或罹患精神疾病，兩者都很難明確定義起迄時段。比方說，精神科醫師在六月六日星期五下午四點整，宣布某患者患有精神病，這是說患者就在那個確切時刻，生了病嗎？難道患者在下午三點五十九分完全正常，六十秒後就突然精神失常？當然不是。患者必定是在此之前就出現症狀。精神疾病是一個長期發作的過程。

在實際談判的時候，一方或雙方刻意隱藏真正的利益、需求或優先事項，也是常見的策略。之所以隱藏，是因為資訊就是力量，特別是在你不能完全信任對方的情況下，絕不輕易洩底。過去買馬的老行家，絕不讓賣家知道他們真正想要的是哪匹馬，因為如果對方知道，價格肯定上漲。所以，我們要是能先了解對方真正想要什麼、他們有什麼限制以及截止日期，必定能帶來極大優勢。如果是碰上經驗豐富的談判對手，想在交手過程中取得這些資訊的機會，大概都是非常渺茫。

我們要如何蒐集這些資訊呢？要儘快動手，因為愈早開始，就愈容易取得資訊。在正式的公開對抗之前，我們總能獲得更多資訊。打個比喻來說，就像在電視攝影機開拍之前，大家會比較隨意，一旦紅燈亮起開始攝影，他們的態度就會變得嚴肅慎重。他們會說：「你免了吧……現在什麼都不能告訴你。我們要開始談判啦！」

在談判之前的資訊蒐集期間，我們要悄悄地持續調查。探查時，當然不能大搖大擺像個審判官，而是要保持低調，像個平凡的老喬或莎莉，最好臉上長幾顆少不經事的青春痘。

有些人認為擺出讓人害怕的模樣或表現得完美無瑕，大家就會透露更多資訊。其實剛好相反！你看起來愈是懵懂、愈是毫無防備，大家就愈容易為你提供資訊和建議。所以啦，把你的西裝外套留在家裡，千萬不要濃妝艷抹，臉上冒幾顆痘子也沒關係。運用這種方法，你會發現聽比說更容易。你應該更喜歡提出問題而不是給出答案。事實上，就算你自己知道答案，也要提出問題，因為這是在考驗對方的可信度。

我們要從誰開始留意來蒐集資訊呢？從那些跟談判對手一起工作的同事或部

屬，或是過去和他們有過接觸、交涉、打過交道的任何人。這些人包括祕書、職員、工程師、警衛、配偶、技術專員或過去的客戶。各位要是放下身段、虛心請教，他們會很樂意回應你。

根據我多年的談判經驗，有許多人會一次又一次地告訴我很有用的情報。有一年夏天，我在從事銷售工作，我記得有一位工班的班長在某次閒聊時提到：「你們的產品是唯一通過測試，符合我們規格的產品。」接著又說：「喂，科恩！你認為我們下個月的談判什麼時候會結束？我們的存用備料快用完啦！」這些資訊我當然都聽進去啦，而且在跟採購經理面對面談判時都想起來囉。

不過在現實上，我們可能不容易跟對方的相關人員直接接觸。在這些情況下，則必須利用第三方、透過電話或找到一些過去跟他們談判過的人來聊一聊。大家一路走來也是遍地足跡，每個人都有過往的紀錄，我們從別人的經驗中可以學習和了解許多事情。

另一個資料來源，是對方的競爭者，他們很可能願意跟你討論成本問題。如果你是買方，能夠先獲得賣方成本的情報，那麼你必定擁有巨大的議價優勢。要獲得這些資訊並不像你想像的那麼困難，因為有許多出版物，無論是民間出版品（例如

《購車車訊》）或政府發行，都會有滿足各種需求的多樣資訊。

各位請記住，我們在進行談判時最想知道的，就是對方真正的底限，也就是他們不會超出的範圍。我們要是對他們的財務狀況、優先事項、截止日期、成本、實際需求和組織壓力了解得愈多，就愈有討價還價的能力。所以我們要是愈早開始蒐集這些資訊，也就愈容易獲得。

在大多數情況下，想要蒐集豐富資訊不只是虛心求教、說「請幫我」而已。通常，我方也必須提供一些資訊，才會獲得對方的回報。我們樂意逐步提供選擇性資訊，理由有三：

1. 按照《聖經》的說法：施比受更有福。
2. 那些熟悉內幕的知情人士也許會跟你哈啦閒聊，但除非彼此都願意承擔風險而互惠，他們不會再跟你深入溝通。我們如果沒跟他們分享一些相稱的資訊，他們是不會跟我們分享有用資訊的。為了說服某人前進一步，你也要邁出一步，雙方有來有往，互不相欠才公平。這個就是一起承擔風險，深思熟慮地建立雙向信任。

3. 當我們在「過程階段」提供謹慎措辭和有限資訊時，你希望降低對方的預期心防。

這個第三點尤其重要。因為我們要是在談判中突然提出全新主題，你收到的回應大概是：「不可能！我從未聽過這個東西。」

萬一又是在逼近最後期限才節外生枝提出新玩意，談判很有可能就此陷入僵局。但我們要是在「過程階段」早早引入這些新想法，巧妙地選擇間隔反覆說明，對方就會慢慢熟悉這個概念。這時候在談判中正式提出來，對方的反應很可能是：「喔，那個啊，之前已經聽說過了。」基本上，我們要接受新想法都需要一些時間；只有在我們覺得熟悉的時候，新想法才能被大家逐漸接受。

因此對於各項新請求，如果是談判開始前收到對方的拒絕，各位請不要感到驚訝。這個「拒絕」是一種反應，並不代表立場。那些對你的建議做出負面回應的人，只是需要更多時間來評估和調整想法。隨著時間過去再加上你的反覆解釋和勸說，幾乎每一個「否定」都可以轉化為「可能、也許」，最終變成「是」。如果你能夠提供足夠時間來增進接受度，而且能針對他們最早排拒時還沒考慮到的新資訊，你就有機會扭轉局勢，獲得他們的支持。

這方面有個例子，是美國人對尼克森總統遭到彈劾的最初反應。當時這個議題剛提出時，曾針對一千六百人進行民調，可視為當時選民的普遍反應。那時候是九二％表示反對，他們的理由是：「以前沒聽過可以這麼做啊」、「為什麼要這樣？這會削弱總統職權」以及「這對以後會變成一個惡例吧」。

但三個月之後，對同樣一批人再次民調，反對彈劾的比例下降到八〇％。又過了幾個月，同樣受訪者反對彈劾的比例只剩六八％。最後一次民調，距離首次調查不到一年的時間，支持彈劾總統的民意反而高達六〇％。

那些人為什麼會改變主意呢？顯然有兩個原因：

1. 他們接收到更多資訊。
2. 原先沒聽過的新想法，後來也慢慢習慣了。

各位請記住，改變和新想法只能一點一點地慢慢呈現，大眾才會接受。我們在嘗試改變某人觀點、思維、看法和期望時，一定要記住這一點。對於大多數人來說，維持現狀最容易也最舒服。所謂的常規慣例和保持現狀的差異，其實只是程度不同而已，大家也都很習慣安於現狀。因此，我們只有堅持不懈，才有希望改變他們，實現你的目標。

最後是要進行談判時，我們必須訓練自己練習傾聽技巧。如果你仔細專注眼前狀況，就可以深入了解對方的感受、動機和真正需求。所謂的注意傾聽和觀察，不只是要把對手方說話的內容聽進去，也要細心理解哪些部分被省略或迴避。有些人不願直接說謊，但也有些人會毫不猶豫地揑造、隱瞞或迴避。一旦你聽到一些泛泛之論，就是提示你該提出具體問題以確認內容真偽的時候。

關於這種「提示線索」的研究和解讀，最近幾年來非常流行。線索就像是間接傳遞的訊息，其含義也許還不夠明確，需要進一步解讀。基本上，可分三大類別：

1. **無心線索**，指行為或言語無意間傳遞了訊息（例如，說溜嘴）；
2. **言語線索**，語音聲調或特別強調傳遞的訊息，似乎與所說的話互相矛盾；
3. **行為線索**，這是由姿勢、臉部表情、目光接觸和手部姿勢展示的身體語言。

例如幾個人坐在會議桌邊，誰輕輕推誰一下、誰拍了拍誰的肩膀（在我們的文化中，拍肩者很可能比被拍那一位更具權勢）。

以下假設場景，進一步說明所謂的行為線索或「非語言氛圍」是什麼意思。有位先生出差在外已經很久了，他在路上像個苦行僧，心裡漸漸充滿回家的渴望。他提著行李走向他的房子，注意到室內燈光有點昏暗。逐漸走近家門，他聽到屋裡傳來輕柔的音樂。他加快腳步，心裡更是焦急。然後他注意到一個女人，看來像是他太太，她穿著一件半透明的睡袍站在門口，兩手各端著一杯馬丁尼。

他大聲喊道：「孩子們在哪裡？」

她回答說：「他們幾小時後才會回來。」現在我問你，這是在暗示什麼？有些人也許會說，這大概是暗示我們根本進錯屋子！

不過重點是，我們都生活在一個非語言訊號持續被傳遞與接收的世界。太太怎麼告訴先生，平常不行但今晚可以？是不是要寫份備忘錄：「回覆：晚間活動——請忽略先前安排」？或是相反，太太要怎麼告訴先生，平常可以但今晚不行？有些人大概會覺得，後一種狀況比較常見吧。

從我們還是小嬰兒的時候，就學會不用語言也能表達需求和好惡，跟其他人交流也不必依靠嘴巴說話。這樣的能力也一直伴隨著我們的成長，像是挑眉、微笑、觸摸、皺眉、眨眨眼，或是在交談中不願與對方眼光接觸的表情。凡此種種都是肢體語言。

我們對於非語言資訊的發送和解碼（解讀行為線索）的種種技巧一向非常著迷，現在已經有愈來愈多的相關主題著作發表和許多研討會可資證明。權威人士甚至把研究人在特定空間的行為表現稱為「空間行為學」（proxemics；另譯「人際距離學」），給予這個領域的學術正當性。但是這種不說話的語言，在談判中的價值肯定還是很有限。大多數肢體語言的解讀都是淺顯易見，但不考慮環境因素就把孤立的特定手勢或姿勢解讀成某種普遍意義，這很可能會產生誤導。

我這裡舉個例子，各位可以看出它的解讀意思非常明顯。由於大清早你出了點事，所以上班遲到了。當你上氣不接下氣，喘噓噓地趕到公司，發現老闆正坐在你的位子上。你走近時，他斜躺在你的椅子上，兩手抱在腦後，雙肘張開，眼睛盯著掛鐘，開口就問：「你知道現在幾點了嗎？」我們假設老闆當然會看時鐘，所以你不必是個解讀大師也知道現在發生什麼事。

至於想對每個身體姿勢進行分類和解讀意義，下面例子可資說明。假設你正向我推銷某種服務或產品，在推銷過程中我開始用拇指和食指撫摸下巴。這代表什麼意思？我決定買還是不買？我想誰也不知道這是什麼意思吧。就算是佛洛伊德也不曉得我在幹嘛。也許是那兒長了顆痘子，也許是早上刮鬍鬚割傷了，也許自以為像英國電影明星卡萊·葛倫（Cary Grant）一樣帥，下巴有個小凹痕，也可能是想遮住自己肥胖的雙下巴，或者只是連自己都不知道的神經質習慣。

雖然沒頭沒尾的單一線索解讀只是浪費時間，但我們對真正傳達內情的敏感度也非常重要。如果說有人對非語言氛圍情有獨鍾，那麼更多人是完全拘泥於字面解釋的文字控或語言控。這些人就是所謂的視聽類型：眼見為憑、耳聞為證。他們最愛說：「這個要明白寫下來吧」、「關於這方面我們就按照規範書的指示」，於是就會有「為什麼我是最後一個才知道」的反應。這種文字控要是看到「牆上字跡」[1]，他們甚至不管那些有何涵義，而只是仔細檢視書寫筆跡。套用文化學者亨利·孟肯（H. L. Mencken）說的話：「文字控就是那種發現玫瑰聞起來比高麗菜香，就以為用它煮湯必定更好喝的人。」

我們在談判的時候，一定要對溝通中的非語言因素，保持敏感。連聖保羅都曾

**譯註1**　「handwriting on the wall」本是引伸為「很明顯的危險訊號」之意。

建議說：「因為那字句是叫人死，聖靈是叫人活。」[2] 因此在談判過程中，各位要強迫自己退後一步，用「第三隻耳朵」來傾聽，用「第三隻眼睛」來觀察。這種適當的疏離，會讓你在適當的非語言環境中捕捉到真意，讓你能夠看清模式。在談判中，個別線索必須是集合體的一部分，並能指引動向，這樣的線索才有意義。

線索若是模式的一部分，以下這個例子，可以說明此類線索的重要性。假設你正向老闆推銷一個想法。當你開始說明的時候，你發現老闆正盯著窗外的電線桿。這個動作本身可能毫無意義，就像我剛剛摸著下巴一樣。你繼續說你的想法，現在老闆往後靠在椅子上，兩手指尖攏成一座尖塔，從中間的空隙看著你。這又是一個提示。但跟第一個提示結合起來，可能就有意義囉。儘管如此，你繼續滔滔不絕地說下去。這時，老闆開始用左手食指敲著桌面。這也是一個提示，跟前兩個逐漸形成模式。這個手指敲擊桌面，是否表示：「加油啊！繼續努力！你做得很好！」大概不是。但是拘泥表象的人卻可能以為：「哇，我老闆還會打拉美音樂節拍呢！」

現在老闆站起來，用胳臂摟住你的肩膀，開始把你護送到門口。這也是一個提示。各位就算只有半吊子的敏感度，都能看出這些線索的模式（死腦筋的人可能會問自己：「這是怎麼回事？為什麼突然對我示好？這個人想幹嘛？他不是有老婆了嘛！」）不過希望各位不是死腦筋。這時候你已經走到門口，老闆眼神難以理解，他點點頭跟你道別。當然我這個例子是有點誇大，但我要強調的是，許多個線索結合成模式，即可提供寶貴回饋，讓你知道你該如何朝著目標前進。如果模式對你不利，你可在前置期（在你被送出門之前），就進行必要的調整。

像這些方法，我們要怎麼應用到談判中呢？談判者希望獲得對手的關鍵資訊是，他們真正的底限，或者他們願意犧牲多少來完成交易。換句話說，賣方願意賣出的最低價格是多少？或者是買方願意支付的最高價格是多少？像這樣的資訊，有很多是可以透過觀察對方的讓步行為模式來確定。

假設，我跟你談判要購買一套昂貴的立體音響設備，其中包含市場上精密技術的新產品。為了討論起見，假設我的預算只有一千五百美元。由於你的產品是剛上市，因此，你希望儘量測試客戶對這項精密技術的需求，到底有多大。

如果我給你的第一個報價是一千美元，而下一個報價是一千四百美元，你會假設我的預算有多少錢？如果我們的關係是彼此都不太信任對方，你也許猜想，我

**譯註2** 摘自《聖經》中文和合本。

實際上可能有一千六、一千八甚至兩千美元可以動用。為什麼呢？因為一千美元和一千四百美元之間的增加幅度是如此之大，所以你可能猜想，我其實擁有一千五百美元以上的預算。就算我發誓說只有一千五百美元，而且的確也是千真萬確，在這種競爭性的交易中，你大概還是不太相信。你的猜想沒錯，因為我們都傾向於無視對方的抗議。經驗告訴我們，「讓步行為的增加幅度」是檢驗真正的談判授權底限，最準確的衡量表。

因此，談判若屬競爭性質，你我雙方互相視為對手，那麼要達成合作的結果，我們也不得不以競爭為核心來玩這場遊戲。在這種情況下，我應該要讓你知道我的上限只有一千五百美元。我會先出價九百美元，你當然拒絕。我下一次出價是一千兩百美元。然後再提高到一千三百五十美元。雙方交涉又拖過一段時間，我的出價到了一千四百二十五美元。再一次勉強加價是一千四百三十三・六二美元。如此一來，會更容易讓你相信我只有一千五百美元，因為我的加價幅度一直在穩步減少，而不是像喝醉酒的水手一樣漫天喊價。像我剛剛那樣慢慢加價的方式，就叫做「貨幣增量遊戲」（monetary-increment game）。

如果是美國體育記者霍華・柯賽（Howard Cosell）的追隨者讀了這本書，可能會說：「我不喜歡玩這種遊戲。為什麼不能直截了當地說出來呢？」當然，你愛講就隨你講，但各位請記住，要在競爭激烈的環境中取得合作成果，就是要玩這種遊戲。如果你還是不想這麼做，那麼只有一個選擇：你可以試著改變彼此之間的關係和氣氛，在雙方之間建立足夠的信任感。只要你成功做到這一點，就可以少玩一點遊戲。我要強調的只是：我們只要堅守自己真實一面，而且按照實際狀況來進行。容我再次重複：要在雙方對決的環境中取得合作成果，就必須進行競爭性遊戲。

這讓我想起，我跟一個不玩「貨幣增量遊戲」的人的有趣經驗。我有個鄰居是名醫生，所謂的「專業人士」（專業人士的定義是愛賺錢但嘴上從不談錢）。他家有一次因為暴風雨遭受災損，所以他按我門鈴找我幫忙：「賀伯，可以幫我一個忙嗎？保險理賠員要來跟我討論賠償金。你對這個一向內行，你介意替我跟他談一下嗎？」

我說：「好啊！我很樂意。你想談到多少？」

他回答說：「看看保險公司會不會賠三百美元好嗎？」

我點點頭，然後問說：「告訴我，這次風災你到底損失多少錢呢？」

他回答說：「我損失了三百多美元啊，肯定有這麼多！」

我說：「那好吧，要是我能談到三百五十美元，這樣如何？」

他說：「喔，那就太棒啦！三百五十美元。」

我剛剛做的就是讓他先答應好一個目標價，以免事後又覺得不滿意。

半小時後，換理賠員來按我門鈴。當我帶他走進客廳時，他邊打開公事包邊說：「科恩先生，我知道像你這樣的大人物習慣於處理大額款項。恐怕我這裡也不是多少錢。如果第一次報價只有一百美元，你覺得怎樣？」

我沒說什麼話，但臉色大概是有點蒼白。你看，我過去也是被訓練成脫口回應第一個提議：「你也太卑鄙了！失心瘋還是怎麼啦？我不接受！」不過我進入青春期後很快就知道，既然有第一個提議，就表示還有第二個、甚至可能第三個。而且他說「只有」，表示連他自己都不好意思報價這麼一點點。所以像這樣的報價，我還能覺得怎樣？

在我哼的一聲表示難以置信之後，理賠員喃喃說道：「好吧，對不起！剛剛說的不算。我再加一點，比如說兩百美元怎麼樣？」

我回答說：「就這麼一點啊？絕對不行。」

他繼續說：「那麼好吧，三百美元如何？」

我稍停片刻才說：「三百美元？哎……我不知道欸。」

他吞著口水又說：「這樣吧，調到四百美元。」
我說：「四百美元？哎……我不知道欸。」
他說：「可以啦……不然五百美元。」
我說：「五百美元？哎……我不知道欸。」
他說：「好啦……那六百美元吧。」
現在我問你，你認為我會說什麼？是的，你猜對了：「六百美元？哎……我不知道欸。」為什麼我一直說「哎……我不知道欸」？哎……我不知道欸。可是這句話超級有用，我不敢換別的！

理賠最後是以九百五十美元完成，我去隔壁找鄰居簽字同意。他招呼後問說：「結果怎麼樣？」我脫口而出：「哎……我不知道欸。」

直到今天，我都不太相信那次談判會做得那麼好，因為理賠員不經意發出的暗示讓我很有感嘛。這個經驗的教訓是：一定要注意讓步行為的增量幅度，因為這個強烈訊息會讓我們知道對方的真正底限在哪裡。

## 〔談判提醒〕

- 資訊就是力量，特別是在你不能完全信任對方的情況下絕不輕易洩底。
- 你看起來愈是懵懂、愈是毫無防備，大家就愈容易為你提供資訊和建議。
- 對你的建議做出負面回應的人，只是需要更多時間來評估和調整想法。
- 改變和新想法只能一點一點地慢慢呈現，大眾才會接受。
- 談判的時候，用「第三隻耳朵」來傾聽，用「第三隻眼睛」來觀察。適當的疏離會讓你在適當的非語言環境中捕捉到真意，讓你能夠看清模式。
- 經驗告訴我們，「讓步行為的增加幅度」是檢驗真正的談判授權範圍，最準確的衡量表。
- 要在雙方對決的環境中取得合作成果，就必須進行競爭性遊戲。

# PART 3 談判風格

永遠不動怒。絕對不做威脅。

跟別人要講道理。

——「教父」柯里昂（Don Corleone）

幾年前搭飛機旅程中，鄰座搭訕問說：「你是做什麼工作的呢？」

我回答說：「我是談判者。」

這位同機旅客的眼中閃過一抹微光，努力壓抑那種什麼事都逃不過他眼睛的笑容。從他的反應，我也知道他在想什麼：「嗯，你知道嗎？這傢伙大概只是跟磚房租戶販賣鋁薄板而已。」

很不幸的是，很多人對於「談判者」有所誤解，所以反應偏於負面。他們一聽到「談判者」，就自然想起那是個狡猾的操縱者，不惜犧牲無辜的受害者只求自己的勝利。的確是有這種人。但是，這種競爭策略只是滿足需求的一種方法而已。事實上，在你輸我贏的競爭談判到雙贏的合作談判之間，談判者也呈現出許多不同的風格，涵蓋面非常廣泛。

現在，我們把焦點集中在個人談判中，解決衝突的兩種主要行為模式：

以下第七章〈不惜代價爭取勝利：蘇聯風格〉要討論的，是談判者以犧牲對方為代價來獲得他們想要的東西。當然，就算你不屑做這種缺德事，也應該有能力看清這種策略；否則，你有可能成為受害者。

接著在第八章〈雙方都滿意的談判〉和第九章〈再論雙贏技巧〉中，我們關注的重點不是要拚命擊敗對手，而是轉移到努力解決問題，取得雙方都能接受的結果。讓雙方都能一起努力，找到能夠滿足雙方需求的創意方案來解決問題。

# 07

# 不惜代價爭取勝利：蘇聯風格

謙卑的人將繼承土地，
但沒有採礦權。
——保羅．蓋蒂（J. Paul Getty）

艾佛雷．杜立特（Alfred P. Doolittle）在電影《窈窕淑女》中唱道：

天主叫我們要幫助鄰居，
不管是在陸地、在海洋或在泡沫上。
但是運氣好的話，
他來找你，你剛好不在家。

這一首本來是英國的歌，但艾倫・雷納（Alan Lerner）創作的歌詞幾乎能在任何西方文化中傳唱不歇。對許多人來說，這是一個競爭激烈的世界，一個人的成功並不是看你能把自身潛力發揮出多少，而是你能超越多少人、累積多大成就。我們生活在一個可能凡事都講輸贏的社會，想要擠進「好大學」的競爭，可比麥當勞和漢堡王之間的競爭一樣激烈。

有些人因此認為，生命本是一場不停的戰鬥，不是勝利就是失敗。他們眼中看到的是充滿對手與競爭者的世界，別人都想搶他們的工作、搶他們的階級地位、搶他們的錢、排擠他們的升職升官，占用他們的停車位、排隊位置，或連他們的老婆也不放過。

競爭性談判者幾乎將凡事都看作是一場非贏即輸的戰鬥，戰到無止無休。這種人一定是強硬的鬥士，不惜犧牲任何代價，都要達成自己的目標，根本不關心別人需要什麼、能不能接受。在他的心裡，自己的信念和方法毫無疑問都是正確的，每一次勝利都會帶來狂喜。

雖然這種觀點和策略的應用範圍有限，但有些人不斷地表現出這種風格，甚至連自己的同事也當做敵人和對手。他們關心的只是自己的勝利，因此對手的失敗也是必然的結果。輸贏雙方如果是持續的關係，那麼談判的輸贏肯定會留下影響，讓雙方關係的未來蒙上陰影。

當某人或團體準備把他們認為之對手的犧牲做為代價，只想爭取自己的勝利和成功，這種非贏即輸的競爭方式就會出現。那些想要戰勝對手的方法，可能從公然恐嚇到微妙操縱，不擇手段、無所不至。我把這種以自我為中心的策略稱為「蘇聯風格」，這個名字本身就很能描述其特質，因為跟世界上的任何人相比，蘇聯領導者，始終是以犧牲他國或團體為代價來爭取自己的勝利。

各位請不要誤會，我說的並不是民族或種族的互動方式，而是一種與真實地域無關的談判風格。其實我們也都遇過一些地方的名門子弟，他們有時候也會操作蘇聯風格來爭取勝利。

我們要怎麼發現這種只在乎輸贏的談判者？他們當然絕對不會自己表明意圖。他們很狡猾，不會暴露自己是「蘇聯派」。他們看起來既謙虛又體貼，好像也很關心你的需求。面對你的時候，大家嘴角笑嘻嘻，眼睛閃閃發亮。他們那樣子像是左手拿著《聖經》，褲子後口袋塞著扁壺裝滿聖水。他們伸出右手祝福你，溫和地低聲說道：「一路好走啊～我的孩子！」一直到他們離開了，你才發現鮮血正從你腿上慢慢流淌，自己連外套都脫不下來，因為背上插著一柄短刀。這時候你才喃喃哀嘆：「天殺的～蘇聯派！」

等他們離開以後，你才會發現到他們造成多少損害，而且都很難挽救。所以問題還是：我們要怎麼辨識蘇聯派？你可以透過對方的具體行為來區分。那些「蘇聯派」不管是否來自孟菲斯（Memphis），在談判花招中都有六個相同的步驟：

1. **一開始就走極端**。他們向來一開始就提出強硬要求或荒謬提議，搶先動搖對手方的預期心理。
2. **權責有限**。那些談判代表幾乎都只能做出一點點讓步，甚至完全沒有權力做出任何讓步。
3. **情緒策略**。他們臉色脹紅、提高嗓門，表現出憤怒惱火，震驚自己被占便宜。有時候他們會怒氣沖沖，在會議半途生氣走人。
4. **對手方的讓步一概被視為軟弱**。就算你讓步，給他們一點甜頭，他們也不太可能會給你回報。
5. **對於讓步極為吝嗇小氣**。要他們做出任何讓步就三推四拖，等到最後終於讓步時，所處立場卻只呈現微小的變化。

6. **無視最後期限**。往往耐心十足，好像時間對他們來說，一點也不重要。

以上概述蘇聯風格六步驟。現在讓我透過具體例子和類比來詳細說明這些重點。

## 1. 一開始就走極端

每次要購買昂貴物件（「大訂單」）時，蘇聯派買家的第一個報價必定是低得離譜。這種交易常常是關起門來，祕密進行，防止其他買家出價。這個策略是想讓賣家以為，除了跟他們交易之外已經沒有其他選擇。比方說，我們會在什麼時候才知道蘇聯買了加拿大或美國的小麥呢？通常是在穀物入艙，已經準備進行海運之後。有些地方就說像這樣的交易方式，叫做「穀物大劫案」。

這裡還有一個蘇聯派買家的例子：大約三十年前，他們對長島北岸一大片土地有興趣，打算為使館人員建造一座娛樂中心。當時與那地方同樣面積的土地估價，大概是在三十六萬至五十萬美元之間，而他們決定的那塊地估價約四十二萬美元。

這些精明能幹的俄國人願意付四十二萬美元，或者甚至只出三十六萬美元嗎？甭作夢了！因為他們過去就是「殺價」高手嘛，所以一開始的報價是十二萬五千美元；真是非常可笑的數字。可是沒人會想笑。蘇聯人這一手是怎麼耍的呢？他們在採購時有其慣用手法：要求談判祕密進行，就可以除去可能的競爭者。

就這個買賣來說，他們先支付一點點費用，買下為期一年的獨家採購權，但條件是這樁買賣必須保密，不得對外宣揚。地產業主當然也知道十二萬五千美元完全是可笑的外行價。但是因為保密合約的限制，他們也無從獲得其他人的報價。如此經過三個月虛情假意的討價還價和挫敗感，他們實際上也開始覺得：「我們知道那個價格很荒謬，但也許我們的價格也是有點高。」所以他們就把叫價從原本的四十二萬美元降為三十六萬美元。就心理層面來說，蘇聯人就像在棋盤上先以傑出的一手殺退對手。

蘇聯人如果是要賣東西，做法就剛好相反。他們會先提出很多要求，然後開誠布公歡迎大家來投標競爭。鼓勵眾多競標者相互廝殺，慫恿他們大膽加碼，最後敲定的價格也就飆上天囉。

從莫斯科出售一九八〇年奧運會的電視轉播權（在美國抵制奧運會並對此進行學術研究之前）的經過，即可看出這種方法。

由下表可見，從哥倫比亞廣播公司（CBS）一九六〇年轉播羅馬奧運的費用，到美國廣播公司（ABC）一九七六年轉播蒙特婁奧運的費用，轉播權利金的成本顯見大幅揚升。歷屆奧運的轉播權利金大致如下：

一九六〇年：五〇萬美元

一九六四年：三〇〇萬美元

一九六八年：五〇〇萬美元

一九七二年：一三〇〇萬美元

一九七六年：二三〇〇萬美元

蘇聯人以典型的精明狡詐，打破這種可預期的連續模式。在蒙特婁夏季奧運期間，美國三大電視網的高層都受邀參加奢華派對，地點是停泊在聖勞倫斯河的普希金號遊輪。每家電視網都單獨接到蘇聯人的聯繫，提出官方報價：他們想要二・一億美元，而且是現金！這個報價根本不管行情為何，完全不照幾何級數跳升。

三大電視網展開激烈爭搶，蘇聯人所做的就是我剛才提到的事情：他們鼓勵大家加碼競標。他們邀請美國廣播公司、國家廣播公司（NBC）和哥倫比亞廣播公司的代表到蘇聯首都，基本上，這三家業者就是要在羅馬競技場上互相廝殺，戰個你死我活。當時任職美國廣播公司體育部的主管魯恩・艾利奇（Roone Arledge）痛苦地評論說：「他們就想讓我們像三隻蠍子在瓶子裡打架。最後兩隻死啦，贏家也是奄奄一息。」

這場莫斯科官員和曼哈頓大亨之間的鬥爭，我也曾親眼目睹了一部分。當時我人就在蘇聯，正在不同性質的談判中與對手纏鬥。我參加過一場鼓勵戰士振奮精神的雞尾酒會。那場上的伏特加真是無與倫比，魚子醬美味絕頂，場上鬥士也是個個兵強馬壯，神情嚴肅而堅定。

進入競標階段時，出價如下——NBC：七〇〇〇萬美元；CBS：七一〇〇萬美元；ABC直接喊七三〇〇萬美元。當時大家都認為，前十次奧運會中

ABC曾轉播八次，這個豐富經驗會給他們帶來優勢。但是CBS從德國慕尼黑請來專業代表羅塔．博克（Lothar Bock）。在博克的幫助下，蘇聯談判代表和CBS主席培利（William S. Paley）在一九七六年十一月安排了一場會面。這次會面達成協議，CBS同意再次提高價格而且願意做出更多讓步。

當時每個人都認為：這次競標就是CBS獲勝啦！詎料蘇聯人食髓知味，還是無法抗拒繼續「蠶食」下去，結果，在一九七六年十二月初，又宣布要再進行另一輪競標。這下子，CBS的高層就不爽啦！明明都說好了，為什麼又反悔？但他們還是回到莫斯科，準備參加十二月十五日的決標。當時蘇聯跟三大電視網說，之前那些交涉談判折衝往來，只是讓他們都有資格進入最後的競標。這時美國人對東道主的無禮真是十分震驚，儘管蘇聯人對他們軟硬兼施，最後三大電視網的人全都決定放棄，打包回府。

這下子蘇聯談判代表可是三邊落空。你要是蘇聯人搞得兩手空空，那麻煩就大啦！美國官員要是談判失敗，也許是生計和飯碗可能會受到影響。蘇聯官員要是把談判搞砸了，那可是要出人命的大事。

在希望出現新競爭的迫切需求下，蘇聯人做出第四個選擇。他們宣稱奧運轉播權由一家名不見經傳的美國貿易公司賽特拉（SATRA）取得，這家公司在紐約也有辦公室。賽特拉可不是大家說的媒體集團。轉播權給他們，就好像找個有拍立得相機的小朋友，然後跟他說：「好好幹！奧運轉播就看你囉！」

蘇聯人巧妙利用賽特拉公司做為施力點，誘使羅塔．博克重新聯繫電視網。後來博克接上NBC管道，在莫斯科和曼哈頓之間來回撮合，最後由NBC以八七〇〇萬美元取得一九八〇年莫斯科奧運轉播權。除這筆權利金之外，NBC還同意支付博克大約六〇〇萬美元的服務費，外加其他應酬娛樂費用。NBC這次雖然戰勝他們的主要競爭對手，但後來發生的事卻讓他們對這場勝利悔不當初。（註：事實上，蘇聯人一開始漫天喊價高達二．一億美元，他們自己根本就沒當真。後來得知，他們原本就預估權利金大概是六千萬到七千萬美元之間售出。）

剛剛引用的例子雖然說的是蘇聯，但類似策略在我們社會也早就有人在使用。許多年前，我在一家大型意外險公司工作，公司的理賠口號說得很好聽：「迅速、公平地解決所有正當理賠，以禮貌和體諒來接待大家。」

聽起來雖然是情操高尚，但制度上還是跟克里姆林宮的傳統一樣，鼓勵理賠員首次報價就提出沒行情的低價。這種策略會有效，都是因為對手方誤以為自己別無選擇，只好任憑占據壟斷地位的理賠員隨意宰割。其實那些保戶還是有其他選擇：他們可以向州保險局投訴；寫信給保險公司總裁；越過理賠員直接去找理賠部的經理；在小額索賠法庭提起訴訟，聘請律師代表他們；甚至是只要繼續拖下去，等待對方感受到時間壓力的損害。

先獅子大開口提出超高價格，再激起潛在買家之間的強烈競爭，這些狀況大家應該都很熟悉。各地的拍賣會上都可以看到，許多競標者你來我往，激烈地討價還價、相互競爭。如果我們擁有珍貴稀少的物件、商品或服務，賣家都知道要利用買家想立即滿足需求的貪婪心理。幾年前，美國有一款從日本進口的馬自達「RX 7」型汽車，因為市場需求異常暢旺，有些經銷商在拍賣會上自拉自唱抬高價格，結果這款車的售價，竟然比原本的上市價格還高出兩千美元。

這些只求輸贏的蘇聯策略，為什麼會奏效呢？因為是我們讓它們有效。我們一開始就受到極端報價的影響，而那些跟我們談判的對方代表，又似乎權責有限，不能提供多少讓步，於是，我們就會更加著急。

## 2. 權責有限

假設我是國際收割機公司的代表，我受委託去蘇聯向他們推銷農耕牽引機。要是蘇聯人對這個有興趣，我最後就會跟官方外貿機構的一些經驗豐富的強硬代表會面談判。但視察產品使用的，不是這些人，最後要不要買，當然也不是他們可以決定。因為蘇聯一切事務都要由政治局中的少數人說話才算數。那些坐在我對面跟我談了三個月的代表，都沒有自由裁量權做出任何讓步或協議。

這種困境會帶來什麼影響呢？我這一方有足夠的權力來完成交易，但對方老是要先跟不在場的政委協商才能做出任何行動。要是他們欠缺相關權責，我們這段時間的談判能有什麼成果呢？我方可以提出報價和讓步，但他們只能請我喝伏特加再搭配一點同志情誼。

就這麼繼續好長一段時間，我開始有種想要取得進展的衝動。所以我又再次提出報價。結果我是在幹嘛呢？其實我是在對自己報價。所以說啦，我們永遠不要跟完全沒有權責的人談判。除非你孤單寂寞覺得冷，真的非常無聊，這可就是唯一的例外。那樣的話，你愛談什麼就儘管去談吧！但這已經超出本書的範圍囉。

汽車經銷商也常常使用這種花招的變體，在展示場招呼客戶的銷售人員都只獲得有限的權責。跟你談判的銷售員，總會找藉口說要跟銷售經理討論，有時甚至要去跟經銷商的老闆報告。其實他未必是要去跟誰討論或報告，只是利用這段時間來觀察和評估跟你的談判狀況。

很多年以前，在芝加哥一個特別寒冷的冬天，我在二手車場上想再買一輛汽車。因為當時氣溫已在冰點以下，所以我急急提出報價想趕快完成交易。結果讓我覺得很好笑的是，那位跟我交涉的銷售員說，我提的價格他不能做決定，他說：「麻煩稍等一下，我去棚屋跟那個人商量一下。」現在我問你，你真的相信那個小棚屋裡頭有人嗎？在芝加哥這種冬天，誰會待在那種小棚屋啊？

欠缺權責固然是個問題，但毫無限制的授權也不行。各位請記住：永遠不要讓自己，或任何為你談判的人擁有無限的權力。有句名言斬釘截鐵的說：「不管你做什麼，我都同意……只要你可以全權負責。」你可能還記得，二次大戰前，英國首相張伯倫（Neville Chamberlain）全權負責代表英國去慕尼黑跟希特勒談判。當然啦，他作為談判代表的表現，的確是不太好。

我們若是授權委托他人辦事，一定要讓他們參與設定他們認為可以達成的目標。

對於你期望他們完成的事情，對方必須投入與承諾。為你進行談判的人並不是幫你跑腿的小弟或小妹，而是負擔權責的談判代表，可以給權限，但有限。最後，再勉勵他們：「你去那裡，就用這個數目拿到那個東西。如果成功就太好啦！萬一沒辦法，就先回來，我們再進一步討論。」

我之前曾說過，為誰談判最麻煩呢？其實就是為你自己。因為這時候我們常常太過情緒化，很容易因此失去超然的觀點。此外，正因為是自身事務的談判，完全可以自己做決定，那就更不容易好好利用時間充分考量，反而常常倉促做決定。

這個問題要怎麼解決呢？就是要為自己建立檢討和制衡機制。至少在一定時間之內，必須自覺地透過機制來限制自己。比方說你在談判或交涉前，先設定好：「那個電視控制台，我支付價格絕不超過一二〇〇美元。就是這樣！多一毛都不行！如果不能用這個價格買到，我就回家！」也就是說，你對自己下命令，而且絕對服從。

如果說權責過大也是談判障礙，那麼對任何組織來說，最糟糕的談判者就是執行長本人。所以說啦！一個城市最糟糕的談判者是市長，一個州最糟糕的談判者是州長，而美國最糟糕的談判者就是總統本人。有些人也許既聰明又有耐心而且還是個專家，但就是手上握有的權責太大。

接下來，我想談談的是蘇聯風格方法的另一面：運用一些不太尋常的情緒反應。

## 3. 情緒策略

多年來，蘇聯人曾經毫無緣故地把桌上文件往旁邊一掃，就氣沖沖地走出會議室；他們甚至不惜人身攻擊，凡此作為都是為了挑釁、誤導或恐嚇他們的對手。誰能忘記赫魯雪夫（Nikita Khrushchev）曾在聯合國大會上直接拿著大皮鞋敲桌子的一幕？大家聽到這件事都非常震驚：「我的天啊！真是個野蠻人。他這種行為汙辱了世界組織。要是小孩這麼做，我可以說是脾氣不好。可是他要是早上起來心情不爽，搞不好就把全世界炸爛！」

幾個月後，有人把赫魯雪脫鞋敲桌的照片放大，用放大鏡仔細研究了一下。讓人驚訝的是，這位蘇聯領導人桌子下的雙腳，其實都有穿鞋子。所以這是怎麼回事呢？照我看來，有三種可能性：

1. 這個人有三隻腳。但這種可能似乎極為渺茫。
2. 那天早上他穿好衣服，就轉身對外交部長葛羅米柯（Gromyko）說：「同志，帶隻鞋子裝在牛皮紙袋。我們在下午三點會用到它。」
3. 在會議期間，他通知政委伊萬諾維奇（Commissar Ivanovich）：「快把你的鞋子傳過來，我們幾分鐘後就要用它！」

我們現在說的，是一種精心策畫的預謀，主要是想刺激出什麼特定反應。如此精心設計的情緒爆發有效嗎？大概是有。當非理性和力量結合在一起的時候，大家都會感到不安。我們甚至可能因此屈服於威脅，以避免受傷。這讓人想到一則經典笑話：一隻四百磅重（約一百八十公斤）的大猩猩會睡在哪裡？答案是：牠愛睡哪兒就睡哪兒！這大概就是蘇聯想要的反應。

當然，我們也未必會用敲打桌子來表現情緒激動。不過就算是一般常見的感情表現，也可以利用操縱。各位有沒有跟崩潰哭泣的人談判過？那簡直是一場災難。大家可以回想一下你自己的經驗。比方說跟你的配偶、父母或孩子起爭執，而你不但掌握所有事實，道理也站在你這邊。由於鐵證如山無可辯駁，他們被你逼到牆角無路可退，突然淚水盈眶，順著臉頰潸潸泣下。

這時候你有什麼反應？你會想說「太好啦，逮到你了吧！看我大開殺戒！」嗎？當然不會。你如果跟大多數人一樣，就不會再向前逼迫，而是說：「哎呀，對不起，我讓你哭了。我想我剛剛太兇悍了。」你或許還會變得更寬容：「我不但會答應你原本想要的東西，也會補償你剛剛把你弄哭了。來，拿我的信用卡去給自己買點東西！」

我當然也不是說只有女人會哭。我個人的看法是，男人的眼淚甚至比女人還厲害。我這麼說是因為我知道某家公司耗了一年多的時間，一直想解僱一位彪形大漢的工頭。這家公司的風格一向十分謹慎，它不會發紅單叫你走人，也不會叫你進辦公室直接就宣布：「你被解雇了！」

該公司的做法是設置一個諮詢會議，讓人事經理邀來預定解職的員工一起討論「公司之外的生活」和其他就業選擇。員工對這些微妙暗示通常也會做出反應，自行辭職，這樣公司甚至還能省下資遣費用。

結果讓人為難的是：過去一年來，人事經理和那個工頭領班開過四次會。而經理每次都暗示他，公司已經不再需要他的服務。在他們開始討論其他可能的選擇方案之前，這位男子漢就已經哭得唏哩嘩啦兼抽噎。這也許只是他很會演，但人事經理就因此感到不安，他事後總是對同事說：「你看嘛！如果你想解僱他，那就你去。我做不到！」最近我聽說，那家公司已經放棄找工頭參與離職面談囉。就我來看，這一場大概是他贏啦。

如果眼淚有效，不管是真情流露還是演的，憤怒也一樣有效。

以下假設一個狀況：你跟我正在談判。我們在你的辦公室談了一個上午，討論我公司電腦的軟體程式。你急著向我推銷你的服務。就在我們要討論成本時，你瞥了一眼手錶說：「要不要先休息一下，一起吃個午飯呢？街角有家漂亮的餐館，他們認識我，不必預訂就有位子。」

你帶我到老位子，我們看了菜單上的昂貴主菜，然後點了飲料和餐點。我小口啜著馬丁尼，問你說：「告訴我，這個軟體程式你想收多少？」

你回答說：「啊，老實說，賀伯，我想大概是二十四萬美元。」

我立刻發作，勃然大怒，拉高嗓門：「你在說什麼？瘋了嗎？二十四萬美元？天文數字！你以為我是誰啊？」

因為大家都在盯著我們看，你很不好意思，就摀著嘴說：「噓！」

我又把嗓門拉高一個分貝：「你真的一定是瘋了！簡直是攔路打劫！」

現在你想爬進桌子下啦，因為這家餐廳有好多客人雖然不認識我，但都認識你。餐廳領班盯著你，不知道該怎麼辦。拿著燒烤羊肉串的服務生也不敢走過來，怕自己會受到波及。你心裡知道大家在猜想：「他到底說了什麼，讓那個人那麼生氣？是不是想欺騙他？」這是我用蘇聯風格假裝生氣，公開恐嚇你。如果你準備再跟我談價格，大概也不會選在公共場所。不過你要是準備再開口，肯定是比二十四萬美元低很多吧。

還有，很奇怪的是，更容易做到的不說話、完全沉默，也跟眼淚、憤怒和攻擊性一樣有效。

在所有的情緒策略中，這一種對我影響最大。我跟我太太已經結婚二十二年，可說幸福美滿，但我們要是有點小爭執，她最厲害的招式就是沉默、退縮，或者可說是自我克制。各位要知道，因為我常常離家遠行，比方說在國外出差兩個星期，好不容易才回到家，十足渴望太太與家人的愛和感情。我急急忙忙走進房子：「嗨嗨！我回來啦，親愛的！大家都到哪兒去啦？」

沒回答。

沒聽到回答後，我又問一次：「嘿，是我啊！我回來了，有人在家嗎？」

沒回答。

終於在似乎無止無休的沉默之後，我的太太出現了。她看來很冷淡，對我回家毫不關心。雖然遭到冷落，我還是衝到她面前大聲宣布：「親愛的，是我啊！我回來了！」

沒回答。

「親愛的，怎麼了？有人生病嗎？還是誰死了？到底是怎樣？」

沒回應。

她面無表情，似乎把我看穿。這時候我在想：「喔、喔，她知道什麼我還不曉得的事情。我要坦白招認。」可是萬一招認錯了，會怎樣呢？我原本只面對一個問題，很快就會變成兩個問題。

我們要是對人緘默冷淡，等於是強迫對方說話，但說話者心裡也許不太舒服。他們的言談可能在無意中，提供我們原本打探不出的訊息。這時 Power 的平衡，就會出現有利的轉變。

還有很多明顯的情緒策略，經常出現，笑也是其中之一。如果你不想認真討論某事，或者你想轉變話題、還是想要貶損對方，只要一陣嘲笑就像武士刀出鞘，嗖地一聲砍倒對手。

假設你正在舉辦車庫二手貨特賣，我趁著週末過來看你賣的東西。你有一架舊雪橇，上面有一張手寫紙條：「稀有古董：請出價」因為我一向是電影《大國民》（*Citizen Kane*）的影迷，所以我想把這架「玫瑰花蕾」（Rosebud）[1]收為己有。等你走近時，我脫口而出：「我用七美元買這架雪橇。」

不知為何，你突然笑起來。我會怎麼想呢：「有什麼好笑的？……我褲子拉鍊沒拉上？……哎呀，對一件真正的稀有古董出價這麼低，我不是故意的！」事實上這個人必定要對舊雪橇的外表和知識非常有把握，才不會被想要的欲望沖昏頭，因為你那一笑就提高報價。

**刻意離開**也是一種情緒策略。尤其是在出乎對方意料的情況下，突然撒手走人，可能會讓對方大驚失色又覺得難堪。但這種方法也會引發額外爭執和問題，對於未來產生更多不確定性。

各位想像一下這種情況：有對夫妻下班後在一家安靜餐廳碰面，一起吃晚餐。飯吃到一半，太太跟先生說公司提供一個很棒的升遷機會，可以加薪五成，只要她願意搬到該國的另一個地方，就能得到這個機會。從先生的表情看來，顯然他不像太太那麼得意興奮。

他說：「可是我跟我的工作呢？」

她回答說：「別擔心，你可以跟我一起過去。至於你那份工作，任何地方都找得到一樣的嘛！」

突然間，他只丟下一句：「對不起。」毫無徵兆地站起來，朝門口走去。先生不預期地離開五分鐘以後，太太在各種情緒交戰中思考剛剛發生的事，評估自己當前處境：

他離開是因為他生氣了嗎？

他還好嗎？

也許他只是去停車計時表投幣。

也許他去洗手間還是去打電話。

---

**譯註1**　《大國民》中有架舊雪橇上頭有「Rosebud」字樣，是整部電影的重要線索。

我剛剛說了什麼傷害他的話嗎？
他是不高興還是嫉妒？
我身上現在有錢買單嗎？
他會不會出了什麼事呢？
他是不是要永遠離開我了？
他會回來嗎？
我待會兒要怎麼回家？

這時候服務生過來問說：「兩道主菜應該現在就上，還是先保溫，等你的朋友回來？」更讓她覺得焦慮。

說到引發焦慮，某種模糊曖昧的威脅也是有力的武器。這是利用對方的想像力，讓他們擔心未來發展可能比原本預料的更可怕。各位注意，要是對方相信某人有能力執行威脅，這個認知上的恐懼會比威脅本身還可怕。

比方說，我如果跟你進行敵對談判，想讓你感受到更大壓力，就要善用曖昧模糊的說法。像是「我會折斷你的手指！」這種話當然不能說。這樣不只是太過直白具體，而且完全就是撒野粗魯。所以我只要直直盯著你的眼睛說：「這張臉我是永遠也不會忘記了，這筆帳早晚要算！」誰知道這到底是什麼意思啊？但你要是認為我有能力有決心而且夠瘋狂的話，你的冷靜和思考就會受到影響。

當然，算計精明的蘇聯，除了確保實力被國際認可之外，也不多做威脅施壓；因為威脅一旦成真，對方的心理壓力反而會減輕，也會因應時勢進行調整與反制。

一九七九年，紐奧良警察嗆聲說要罷工，這可能造成一年一度的狂歡節活動遭到取消。只要市政府認為這個威脅可能成真，工會組織者就有極大力量跟市政府進行談判以獲得認可。

等到他們犯了錯誤——真的進行罷工，導致狂歡節活動大受影響，公眾輿論壓力排山倒海而來，反而失去討價還價的籌碼。結果主事成員籌組警察工會的企圖，因此挫敗。

幾年前我去參加「拉維尼亞」（Ravinia），這是每年夏天在芝加哥北郊舉辦的音樂節。因為靠近活動場地之處一向不好找停車位，所以那次在相距不遠的隱密小路上找到一個空位，讓我很高興。等我下車後，發現正後方那輛車的擋風玻璃上貼著一張看似廣告傳單的東西。出於好奇，我就走過去看了一下，上頭寫著：

這輛車正停在私人產業上，該車的品牌、型號和大牌號碼都已記錄。下次如果再有不當停車，這輛車會被拖吊到克連納兄弟（Klempner Brothers）廢車場，車體內裝噴火銷毀，車殼會壓縮成大約一．五呎寬、三呎高的廢料立方體。這個立方體會送到你家（酌收運費）當咖啡桌，並不斷提醒你不要在私人產業上違規停車。

這當然是在開玩笑。但我不知道寫傳單的人，精神狀況穩不穩定啊，而且我需要的是車子、不是咖啡桌，所以我決定再繞一下找別的停車位。

雖然還有很多別的情緒策略，不過我們就用一個聽來很熟悉的例子來結束這類代表性範例。請各位先聽聽一個媽媽和她已離家獨立的成年子女的電話對談。

---

媽媽：哈囉，帕特！你知道我是誰嗎？我是你的——

帕特：喔，媽，你好嗎？我一直想打電話給你。

媽媽：沒關係，你不用打來啦。我只是你媽媽而已，幹嘛要為此多花一毛錢？
帕特：哎，媽，別這樣啦。我工作很忙啊。你最近怎麼樣？
媽媽：我這把年紀了還能怎麼樣？聽著，這個星期六晚上我要慶祝你二十九歲生日，邀請俱樂部的好朋友一起來慶生。我訂了一個漂亮的蛋糕，也已經買了你最愛吃的食物，所以……
帕特：可是，媽媽，我這個週末不在城裡啊。我跟你說過了——
媽媽：你是說，你忙到撥不出幾個小時給我？
帕特：不是的，不是那樣。可是我已經計畫好這次旅行，而且也——
媽媽：好吧！帕特，我明白了。很抱歉打擾你。我會跟我的朋友說，你太忙了不能過來看我。
帕特：拜託啊！媽——我不是這個意思嘛。
媽媽：不，我明白。別為我操心了。我自己想辦法解決。畢竟法律也沒規定孩子要回來看媽媽！

上頭的描述也許有點誇張，但大家很容易就看出這是想喚起內疚的策略。在搞笑短劇《兩千歲老人》（*The Two-Thousand-Year-Old Man*）中，梅爾．布魯克斯（Mel Brooks）利用內疚感完成絕佳諷刺。他說有一對父母在大雨中艱苦跋涉，要去參觀兒子的山洞。到了之後，兩老受到親切迎接，邀請他們進入山洞。但他們只是心平氣和地站在外面淋雨，說：「沒關係。我們站在雨中就夠了。我們不介意。」

內疚的誘發不只發生在親密關係中，也可能運用在朋友和家人之外。各位有沒有過向老闆要求加薪時，結果聽到他回答說：「你也許覺得自己有所不滿，但你可知道我自己也很不好受？」不管你個人遭遇是多麼不公平，相較之下，他身為管理高層的怨嘆和委屈直接讓你相形見絀。你剛剛被將了一軍嘛。在你離開這位壯烈捨身的戰士面前，你甚至會感覺自己太自私，只因為個人微不足道的抱怨就來打擾他。

為什麼會有人運用這種情緒策略呢？**因為很有效嘛**！要是我們不知道真實狀況，他們就會成功。我們會對自己說：「哎，他或她就是這樣。他們自己也克制不了。」就好像他們生來就有一個喜愛去操縱擺布他人的染色體。當然，大多數人並不會搬演這些伎倆。但有些人不知不覺就會重施故技，運用過去成功的技巧以保持優勢。因此，有些人把同情和內疚當做是日常工具來耍弄。

我曾聽過一位辦公用品推銷員，把情感策略玩得像一門科學般專業。他去找客戶時，會先在外套下的襯衫左邊口袋裡放一個計時碼錶。這位慈眉善目的友善大叔從進門那一刻就淘淘不絕一直推銷。當他覺得這次銷售可能不會成功時，他會站起來靠近客戶，表面上像是要說再見，他垂頭喪氣貌似沮喪，久久握著客戶的手。

因為兩人靠得很近，這時又都不說話，所以客戶現在可以聽到輕輕的「滴答、滴答」一聲。聽到這種滴答聲，客戶通常會問說：「那是什麼聲音？」

大叔假裝驚訝後，會拍著自己的心臟部位說：「喔，是我的心律調節器啦。對了，可以麻煩讓我喝杯水嗎？」據我所知，這一招萬無一失，一定能要到一杯水，而且之後連東西也賣出去了。告訴我這個故事的人，就上了這個策略的當。他跟我說：「在我想起心律調節器不會發出聲音之前，我已經買了打孔機、訂書機和計算機啦。」

大多數人大概都認為這種行為有道德疑慮。我剛剛的說明，不是建議大家採用或原諒這種事，而是提醒各位必須理解還有這種花招。不過內疚策略如果適當修正，消除明顯謊言並用於推動崇高理想，又常常受到讚譽。

印度聖雄甘地就被尊為非暴力的實踐者，但他的方法其實只是內疚策略的變體。

這位年老力衰、身體消瘦憔悴的苦行僧，明明白白地告訴英國：「如果你不讓印度獨立，我就公開絕食。每一天，我都會變得更衰弱，我的死就是你們靈魂的罪。」他的目的可以說是很崇高，但手段只是老式的內疚策略。最後也終於奏效了，激起全世界的良心與道義，讓英國知難而退，改變殖民政策。

為什麼我要這麼詳細地說明這些蘇聯式的情緒策略呢？並不是希望大家採用，而是提醒各位詳加分辨，才不會受騙上當。就算是最陰暗卑鄙的手段，去熟悉和理解它們，也不會令你墮落。熟悉和理解邪惡也不是犯罪。要犯罪，除了要知識、動機之外，還要加上行動。我毫無疑問是在提醒大家注意分辨，並不是鼓勵採用。

各位請記住，策略要是被識破、看穿，那就無效啦。你的對手也許還以為自己握著手槍，可是彈匣被你卸下囉。簡單一句話：**被看穿的策略就已經不算策略！**

例如，讓我們回顧一下「蠶食」。假設我在男裝店照之前說的方法又重來一次，在詭計設置好並開始試穿西裝的時候才說：「免費送條領帶吧！」

如果銷售員早就識破這套技倆，會發生什麼事呢？他可能開始咯咯發笑，嘲笑一陣後才對我說：「你張嘴咬這一小口真是厲害。我喜歡你的精心設計。不過光自己獨享實在太不講義氣，我們要跟大家一起分享啊！」這時他喊著其他幾位銷售員：「嘿～阿諾、賴瑞和歐文，快過來好嗎？大家過來聽聽美妙的蠶食！真是超好笑！」他又轉身對我笑著說：「你一定要為大家表演一下……從頭開始，他們一定會喜歡的！」

對這樣的騷動反擊，就算是我，你認為我還能做出什麼反應？必定是又慌亂又尷尬，大概只能喃喃自語：「哎呀，我只是在開玩笑胡扯。給我包兩套西裝，當然按原價！」

關於蠶食，我們再多說一些。假設你是企業的銷售人員，或是在交易中已投入許多時間和精神，這時有人想進行蠶食討你便宜。我們可以使用三個簡單藉口加以反制：

1. **沒有權限**。明確表示你願意提供幫助，但無權決定這個請求。你就說：「對不起！上一個做這種事的人後來被解雇啦，現在只能回鄉下種田。」
2. **正當性**。就在牆上張貼警語標示：「買西裝不附贈領帶或飾品」。
3. **心領神會地笑幾聲**。輕鬆豁達地承認這個策略，稱讚客戶聰明伶俐的執行技巧。這是跟顧客一起會心微笑，不是要故意嘲笑。

說到反制情緒策略，讓我想到最近常被問到的問題，提問者通常是企業或政府機構的女性高級主管。這問題通常是跟同儕和上級一起開會時出現。顯然是女性主管在發表意見或報告時，某男性員工習慣性地拍桌叫囂或言語霸凌。「像這種透過言語霸凌施展恐嚇戰術的人，要怎麼處置？」她問我有什麼建議。

基本上來說，要先了解像這種恐嚇者或者說是「長不大的老男孩」，其實他們本身就有問題。我們雖然可能受到挑釁，但面對如此霸凌，還是要先保持冷靜和穩定。你不必因此退縮，但也不要跟霸凌者當場一決高下。請繼續充滿信心地陳述你的道理和想法。如果他叫囂干擾，你反而要把聲量降低。反正他正在咆哮怒吼，大家可能也聽不到你要說什麼，但你的自制與冷靜，會跟他的幼稚行為形成鮮明對比。這時候在場的人會認同你，而對方的言語霸凌反而讓自己尷尬，讓他自討沒趣。

言語霸凌和運用情感策略的人，通常從孩提時代就學會這些行為，也許是從觀察中加以模仿，也可能是經過反覆試練而學得。那些帶來獎勵的策略會被保留，而造成痛苦或受到懲罰的策略則被丟棄。

不久前，我在百貨公司無意中聽到孩子跟他爸媽說：「我要是沒得到那個玩具，我就躺在手扶梯上！」五分鐘後，那個小傢伙從我身邊走過，手臂下夾著一個玩具，臉上笑容洋洋得意。這孩子如果因為威脅和發脾氣而不斷受到獎勵，他日後也會習以為常，想運用這些方法和策略來控制他人。

各位請注意，一名成年談判者偶爾口無忌憚，進行言語攻擊，通常可以假設這並非有意為之而是無意識的行為。在這種情況下，最好的辦法是等他爆發結束，再謝謝這個人如此清晰有力地解釋了他或她的觀點。

各位要是能夠如此平靜應對，通常都會讓對方對剛剛的唐突冒犯感到後悔，甚至可能變得更為隨和順從。

由於競爭式的蘇聯風格其餘三步驟跟前面所說的一致，我們現在可以加快步伐。

## 4. 對手方的讓步都被當做是弱點

過去沙皇時代的俄國人一向推崇力量，同時對外人表現出不信任，有時甚至近乎偏執。他們到現在還是認為，要勇於展現壓倒性力量，才是獲取他人合作的最佳方式。就此而言，他們對於緩和緊張關係（détente）的哲學，類似於羅馬帝國的「和平（Pax Romana）是靠武力來維持」。

西方外交官普遍認為，談判是立場衝突下的妥協，但克里姆林宮則認為談判也是一場鬥爭，必須爭取勝利。對他們來說，這跟街頭幹架沒兩樣，對手如果還在說什麼昆斯伯里的拳擊規則（Marquis of Queensbury Rules），他們就會開始質疑對手的真正實力。

但是在我們的思想中，爭取勝利顯然也不能不惜代價。我們社會當然也有某些激烈競爭：總統大選、運動競賽、法律訴訟的控辯雙方，還有商業競爭；我們有時也會說「贏得晉升」和「擊敗競爭對手」。

可以想像得到，我們自家也有「蘇聯派」，這些人受制於見識有限，相信殘酷無情的競爭才是世界的本質。雖有只知輸贏的少數，但我們大都能接受對大家都好的解決方案，而不是只曉得按照自己方式行事。另外，我們也可能錯誤地以為，跟我們交涉的對手跟我們一樣有相同動機、服膺同樣道理。

也就是說，典型的美國或西方談判代表在面對僵局時，常常願意先讓步以求事況有所進展。這是假設對方會尊重這種坦誠合作的精神，並給予適當的回報。但實際上，如果是跟蘇聯派交涉的話，情況剛好相反。

在結束韓戰的談判中，雙方都對停火線位置提出要求。當然，雙方看法相距甚遠。但聯合國談判代表，突然間不顧敵對談判的適當做法，迅速做出重大讓步。在安撫北韓「蘇聯派」時，我們實際上曝露了最終底線。然而，對方對這樣的讓步並不認為合理，反而以為那是軟弱的表現，因此他們的談判姿態更加強硬。

領導聯合國代表在板門店談判的美國海軍上將喬伊（C. Turner Joy）後來承認，當初的迅速讓步（完全沒獲得回報）讓共產黨在談判中占據極大優勢。他寫下這段經歷指出：「我們美國人都以為碰上僵局應該互相讓步來解決，但共產黨人處於有利地位時，只是運用拖延戰術。」基本上來說，各位跟蘇聯派交涉時，不管他們到底是哪一國或哪一種，就算你慷慨地讓步，對手也不太可能提出對等的讓步。

各位還記得，之前蘇聯人要在長島北岸購買土地的例子吧？我們看到他們面對四十二萬美元的估價卻只出價十二萬五千美元。三個月後，賣家叫價降為三十六萬美元，他們又是如何應對呢？在回答這個問題之前，我問各位：「如果你是買家，你會怎麼做？」

如果我們的態度是要表現「相互承讓、互有犧牲」或「互相撮合、一起合作」，我們也會調高原先非常之低的出價。

然而，蘇聯談判代表卻跟北韓一樣，完全不讓步，還是堅持十二萬五千美元。他們認為，賣家降價六萬美元不是什麼誠意的表現，而是自知理虧和軟弱。結果，他們這個最初報價堅持了八個月之久，最後才在精打細算之下，提高為十三萬三千美元。

如此表現，實乃不足為奇，因為這正是他們戰術模式的下一步驟。

## 5. 對於讓步極為吝嗇小氣

首先，我們要了解，蘇聯因為它的體制，在跟美國交涉時，原本就擁有兩個談判優勢：

1. **更多資訊。**蘇聯社會的封閉性，和自由的美國形成鮮明對比，所以一開始他們就更了解美國的真正需求、優先事項和截止日期，但美國對蘇聯知道得可不多。蘇聯的談判代表和代理人會收看美國的傳播媒體、閱讀美國報紙，甚至訂閱美國的科學出版品。但美國對蘇聯的理解，基本上就是蘇共政治局想告訴我們的。

2. **更多時間。**一般來說，克里姆林宮的高階領導很少出現變動。不管是赫魯雪夫、布里茲涅夫還是葛羅米柯，他們的任期似乎都是無窮無盡。相較之下，美國高層的政治週期比較短，領導階層經常更動。況且不斷進行民調和社會動態迅速變動的本質，導致領導階層時常更動，政治人物也必須迅速拿出確實成果，凡此種種都讓美國人更難有效運用時間。

正如美國前國務卿艾奇遜（Dean Acheson）三十多年前說的：「跟俄羅斯人打交道是一項漫長又漫長的工作。」由於體制本質和傳播媒體受到國家控制而缺乏問責能力，給予俄國領導階層奢侈的耐心。

憑藉這個優勢，他們可以建立更長的時間架構，耐心等待守候他們想要的成果。好整以暇無止無休的拖延戰術讓美國人筋疲力竭，不斷表示「否決、不同意」，就算對方久久讓步一次也只是微不足道，幅度非常之小。

但對美國人來說，「時間就是金錢」啊！這種心態讓我們習慣於守時、尊重時間表和最後期限。受此心態影響，我們也學會講求效率，也就是說大家都喜歡迅捷明快的會議和談判。

兩百年前，法國政治家托克維爾（Alexis de Tocqueville）說美國人的性格：「大家可能只求滿足一時的激情，就放棄成熟的計畫。」

任何談判結果的成敗關鍵，就是雙方讓步的規模與數量。狡猾的蘇聯派談判者，不管出身自何處，都會想辦法讓你先退一步。但等你讓步之後，他們卻盡量不予回報。所以你一旦讓步，獲得的回報都難以補償你的犧牲。競爭性的談判者就是運用耐性慢慢磨，努力讓你的讓步規模更大、次數更多，他們就贏了。

## 6. 無視最後期限

在整個只講輸贏的競爭性談判風格論述中，我一直以蘇聯派做法作為講解的範例。而他們的關鍵戰術，作為其他部分環繞的支點，毫無疑問就是**時間**。

正如先前所言，要跟蘇聯談判，一定要有耐心。雖然一開頭都按時程準時開始，但之後的拖延耽誤似乎無止無休。只要你想加快進度，大家會針對請求來進行討論和爭辯，但什麼結論也不會有，什麼進展也不會發生。就算時程已經逼近最後，他們也一點都不著急，因為他們知道所有的最後期限其實也都是談判談出來的。所以，凡事好商量嘛！他們會想辦法讓你相信，一開始擬定的最後期限是真實存在，但他們自己倒是從來不信。

再回來說長島北岸買地的事。上次說到，優先採購權只剩四個月時，當時蘇聯針對叫價三十六萬美元的地產出價十三萬三千美元。之後就幾乎沒有新進展，一直到逼近期限時，俄羅斯才又有動作（如表所列）：

| 距離截止日期的時間 | 報價 |
| --- | --- |
| 二十天前 | 十四・五萬美元 |
| 五天前 | 十六・四萬美元 |
| 三天前 | 十七・六萬美元 |
| 前一天 | 十八・二萬美元 |
| 截止日 | 十九・七萬美元 |

從這些數目可以明顯看出，蘇聯的行動幾乎都壓縮到截止期限的最後五天才開始。然而當最後期限已到，雙方還是陷入無法解決的僵局。買賣雙方的差距還是很大：蘇聯出價十九．七萬美元，但賣家要三十六萬美元。

正當房地產經紀人準備把這塊大面積土地重新投放市場，就在截止日到期的隔天，蘇聯人又找他聯絡啦。然後又經過一週的激烈談判，蘇聯人向地主支付二十一．六萬美元的現金，因為地主正需要這筆錢來「周轉」。

當然，光看最後價格並不能說明全部的狀況，但有相當多的證據顯示，蘇聯的成交價遠低於市價。那些談判小插曲正好可以確實描述蘇聯派的行動風格。

後來的發展也相當有趣。蘇聯人拿到土地後，需要變更地目才能符合他們的需求。結果在必經的地政委員會上，碰上還在火冒三丈的前地主。

在多次提交修改計畫又遭到過度拖延之後，蘇聯人也意識到他們無法獲得必要的地目變更。於是在購地之後將近一年時，又以三十七．二萬美元的價格轉售那塊土地。之後他們還是透過低調緩和的談判策略，在距離古根漢（Guggenheim）老莊園附近的長島國王角（King's Point）買到合適的土地。

我再次強調，之所以詳細介紹蘇聯的競爭性談判風格，並不是教各位也依法炮製。正如我之前所言，我是提醒各位要認識這些策略，才不會成為它們的受害者。一樣再次重申：被識破的策略就難以奏效。

要讓蘇聯派策略發揮功效，必須具備這三個條件：

1. **雙方沒有持續的關係**。此類談判必定是一次性的交易，加害者確信以後不會再需要那個犧牲者。因此，雙方關係如果是持續的，那麼贏得勝利的代價就是要賠上未來的關係，這場勝利得不償失。

比方說，假設我是蘇聯談判代表，背後捅你一刀，然後揚長而去。你會知道自己被騙了嗎？也許不是馬上領悟，但最後總是會發現到底出了什麼事。就算你想要忽略滴在鞋子上的血跡，也會有人拍拍你的肩膀，禮貌地說：「打擾了啊！不過你背上插著一柄金屬片，而且……喔，沒錯！還鮮血直流呢。」就算是後知後覺的人也會意識到自己出事啦。

這時候不管你有多生氣火大，你都拿我沒有辦法。不過我們若是再次見面，你也許就有所準備。假設再次相遇時我還是比你位高權重，那麼你可能會想：「我這次雖然又要倒下，但我跟他拚了！我要跟他同歸於盡！」

基本上來說，這是為了報復而不惜犧牲自己。真的是「同歸於盡」的雙輸策略。

2. **事後不後悔。**不管是出於倫理道德還是宗教薰陶，我們大多數人對於「公平競爭」大概都有概念。你取得勝利的戰術手段，日後也必須不會跟你的良心矛盾衝突。要是事後你只感受到內疚與悔恨而難以自拔，這樣的勝利還值得嗎？正如已故的美國藍調歌手珍妮絲・賈普琳（Janis Joplin）所言：「不要讓自己妥協！因為你擁有的一切也只有你自己！」

然而，那些相信目的可以正當化手段的人，對這個條件是不會有任何困難的。

3. **受害者不知情。**受害者必然是天真又無知，至少暫時如此。獵物要是發現身處險境，就不太可能還停留在火線之上。因此不管獵人的技術多麼高超，都需要毫無戒心的目標配合。

特別是因為這一點，我要提醒大家注意辨識只拚輸贏的競爭風格。要是有夠多的人對此有所體認，即可避免狡猾的蘇聯派，以無辜犧牲者為代價來取得廉價的勝利。事實上，大家如果能夠多認知這一點、互相多提醒，社會上那些只分輸贏的競爭策略會趨於中和，無謂的爭鬥也會減少很多。

好的，現在來討論一下各位讀者。你要怎麼保護自己，才不會背後被捅刀呢？要怎麼趨吉避凶，才不會滿腿鮮血直流？答案是——要有預測和辨識此類風格的能力。

各位請記住，掉進蘇聯派陷阱的第一個條件是一次性交易。當你家的老爺車故障，你才急著去紐約、洛杉磯或費城市中心找二手車經銷商，你可能會遇到什麼樣的策略呢？我們把上述地點改成蒙大拿州的畢林斯或威斯康辛州的萊茵蘭德新車經銷商，兩者策略可能就會形成鮮明對比，因為後者的車商必須依靠地方回頭客，因此一定要維持企業商譽。

不管各位身在何處，如果對方行為讓你的「輸贏」天線抖動示警，你有三條路可以選擇：

1. 你一定還有其他替代方案，大可轉身離開另謀發展。人生苦短，恕不奉陪！就讓那個操縱者自己去玩吧！
2. 如果你有時間也有興趣，當然可以加入戰鬥。經過重砲轟擊，說不定你會在他的遊戲中擊敗魔鬼。

3. 巧妙地把雙方關係從「競爭輸贏」轉變成雙方都能滿足需求的「合作交涉」。

接下來的章節，即是要跟各位介紹為何需要這種轉變以及如何進行，我想說明的是雙方都可以獲勝的談判。

〔談判提醒〕

- 永遠不要讓自己、或任何為你談判的人擁有無限的權力。
- 要有預測和辨識蘇聯風格談判的能力，才能保護自己背後不被捅刀。

蘇聯風格六步驟——

1. 一開始就走極端。
2. 權責有限。
3. 情緒策略。
4. 對手方的讓步一概被視為軟弱。
5. 對於讓步極為吝嗇小氣。
6. 無視最後期限。

# 08 雙方都滿意的談判

金錢會說話……但是

它說的是真話嗎？

有一則流傳為民間故事的傳奇，說的也是一種談判方式：

一對兄妹為了平分餡餅而爭吵，兩人都想分到更大的一塊，不想讓對方占便宜。就在哥哥拿到刀子準備為自己切下最大一塊時，媽媽還是爸爸介入了。

在所羅門王的傳奇故事中，這個爸爸或媽媽說：「先暫停！我不管是由誰來切餡餅，都必須讓對方先選擇想要哪一塊。」很自然地，哥哥為了保護自己，必定把餡餅切成大小相等的兩塊。

這個故事可能是杜撰，但其中隱涵的道德教訓在現今還是很有意義。在許多狀況下，兩造的需求未必是真正對立。如果能將重點從「戰勝對方」轉移到「解決問題」，那麼雙方都可因此受益。

在雙贏的合作談判中，我們希望獲得的成果是能提供雙方都願意接受的利益。衝突一向為人類自然狀態的一部分。但若將衝突看做是需要解決的問題，我們也可以發揮創意找到解決方案，提升彼此的地位，甚至可以拉近雙方距離。

也許是個巧合，不過在管理階層和勞工團體談判時，切分餡餅的比喻也常被廣泛提起。一方經常會說：「這盤大餅，我們也要分一塊！」如果這盤大餅看作是一筆固定的金錢，那麼甲方得到更多，必定是乙方失去更多。但我們可以思考一下：

在談判陷入僵局後，工會開始罷工。如果最後是工會獲勝，罷工期間損失的工資還是超過爭取到的福利；而在管理階層這一邊，罷工的營運損失也會超過滿足勞工要求以阻止罷工的成本。所以罷工之後，其實雙方都虧了！要是雙方能在互相信任的氣氛下，不需要進行罷工，他們也可以達成解決方案，讓雙方都能獲得想要的成果。

道理雖然說得通，但還是常常看到罷工活動，結果不僅是工會和企業管理階層蒙受損失，包括公眾、社會經濟乃至國家整體權益也經常受到影響。為什麼會這樣呢？也許問題的一部分就像在切分大餅一樣。當我們把焦點集中在某個固定金額上，開始來來回回爭搶論辯，一方提出要求、另一方提出反訴，遲遲未達結論、只得使出最後通牒，如此的零和爭議就不可能產生創造性的結果。但我們如果能將真正利益視為互補，實際問題就會變成：「我們如何把事業做大、把餅做大，讓雙方都能獲得更多？」

這樣的思維也不只是在勞資關係，而是任何持續關係中的每一種談判都適用。各位要是仔細想一想，你會發現這幾乎可以涵蓋所有的談判。

由於大自然造就的人各有不同，所以你的需要和我的需要通常是不一樣。因此，我們雙方都有可能同時勝利。

每個人都有自己的獨特性，這大概也是公認的事實，至少在智力層面上是如此。那麼，為什麼我們要把大多數談判看做是面對敵人對手，我爭取到滿意必定是以犧牲對方為代價呢？原因是在大多數談判中，雙方爭執的是一筆「固定的總額」，通常也就是金錢。

為什麼談判總是談錢或某種形式的金錢，例如：價格、費率、薪資或「生計問題」？為什麼好像每個人都沉迷於金錢？這不是口頭上的錢，而是具體、精確和數量化的金錢。它可以為你能否滿足其他需求而提供回饋；**它可以幫助你保持優勢**；它是衡量進度的一種方式；它是衡量價值的一種標準，家庭主婦都非常清楚。它甚至可以做為壞消息的補償工具。

如果我去跟老闆說：「為你這種混蛋工作，實在有辱人格，所以我想要更多的錢！」話要是說得這麼直白，老闆不可能喜歡我。所以我要學會隱藏真實感受與挫折，將之轉化為補償，只要這麼說就好：「我要賺更多的錢！」

這種純粹的金錢資訊不但更受歡迎，老闆還會搭著我的肩膀說：「我喜歡有野心的人！你和我，我們一起邁向頂峰吧！」

很多人從小就習慣談論金錢的話題。有些人甚至受到引導，以為自己最喜歡的顏色就是綠色，因為美鈔就是綠色。仔細傾聽大家說話，你有時會覺得他們就像活生生會走路的美元符號。不過各位要是以為金錢是大多數談判的核心，那你就錯啦！我們未必就像自己說的或外表看起來的那個樣子。當然，金錢是一種需求，但也只是眾多需求中的一種而已。要是忽略其他需求，只滿足金錢的欲望，並不會讓我們感到快樂。讓我提供一個假設情況來證明這一點：

某天晚上有兩人，比方說是一對夫婦在翻閱一本雜誌，注意到廣告背景中有一個古董鐘。

太太問說：「這座鐘真是漂亮！放在我們的門廊入口一定很棒吧？」

先生答說：「真的！不知道這要多少錢。這個廣告沒有標示價格。」

他們決定一起去古董店尋找座鐘。而且他們事先決定，要是真的找到也不能花費超過五百美元。

找了三個月，終於在某古董店的展示台看上一座時鐘。「你看這裡！」太太興奮地叫了出來。

「沒錯，就是這個！」先生說。「但記住，」他補充：「我們不能支付超過五百美元！」

他們走近展示台。「喔喔，」太太喃喃自語：「鐘上有個牌子寫七百五十美元。我看我們還是走吧。我們說過花費不超過五百美元，記得吧？」

「我記得，」先生說：「但我們已經找了很久，還是試試看吧！」他們兩人暗地討論一番，就由先生擔任談判代表，希望用五百美元的價格買下。

他鼓起勇氣向銷售員開口：「我注意到你有一座鐘要出售。我看到上面的價格，我還注意到標價附近都是灰塵，給人一種古色古香的感覺。」略加鋪陳之後，先生又說：「我跟你說，我要幹嘛。我會給你報個價，只報一次價！我敢肯定，這個價格會讓你感到興奮。你準備好了嗎？」他暫停一下，等待效果：「就是：二百五十美元！」

銷售員毫無表情地回答：「成交！這座鐘歸你啦。」

那位先生的第一個反應會是什麼？興高采烈洋洋得意嗎？他會對自己說「我太厲害了！比目標價便宜好多」？當然不是！各位跟我一樣清楚，因為大家也許都遇到過類似狀況，所以他最初的反應是：「我真笨！我應該出價一百五十美元就好！」然後你也知道，他的第二個反應會是：「這座鐘一定有問題！」

先生把座鐘搬到車上，他對自己說：「這鐘好輕啊，我也沒那麼強壯有力！我敢打賭，裡頭一定缺了某些零件！」

儘管如此，他還是把座鐘放在門廊入口，看起來的確漂亮美觀。而且這座鐘好像也走得蠻正常的，只是他跟太太還是覺得不安。晚上睡覺時，半夜還起床三次。起床幹嘛呢？因為他們確定沒有聽到鐘聲。這種情況持續了幾天，連半夜都睡不好，夫婦倆的健康狀況都受到影響，現在連血壓都飆高了。這又是為何？都是因為那個推銷員竟敢無恥地用二百五十美元的高價賣給他們！

如果他是通情達理、會為對方著想的正派人士，說不定還會一路討價還價到四百九十七美元才賣出，充分享受你來我往的樂趣和自我滿足。現在雖然是幫他們省下二百四十七美元，但夫婦倆的惱怒卻是無端增加三倍。這個談判的典型錯誤，是整個焦點都集中在價格上。這對夫婦如果只是想省錢，他們必定欣喜若狂。但就跟我們一樣，大家都有許多面向，有很多不同的需求需要滿足，有些是無意識，也有些是自己不願承認的。

只是滿足這對夫婦的價格需求，並不能讓他們高興。光是用他們想要的價格獲得時鐘顯然還是不夠。以這個例子來說，就因為談判結束得太快。他們其實需要一點閒聊，一些建立信任的討論，甚至還要來點討價還價。如果丈夫能夠成功地跟賣家你來我往鬥智一番，這個過程就會讓他感覺好很多，不只是對於買鐘這回事，也包括對他自己的感覺。

我們之前也說過，談判是雙方都想要滿足自己需求的活動。但是我們真正的需求，也很少像表面看起來的那樣，因為談判者都會想要隱瞞甚至不承認自己的真正意圖。所以談判永遠不會只是針對公開談論或爭論的內容，不管它是價格、服務、產品、領土、特許權、利率還是金錢。雙方討論的內容以及考慮的方式，都是為了滿足心理需求。

談判也不只是物質對象的交換或交易，還是一種行動和行為的方式，可以藉由談判發展出理解、信念、接受、尊重和信任。這更是你接近與聯繫對方的方式，包括你的語氣、表達的態度、使用的方法，以及對於對方感受與需求的關心。

以上這些都是談判過程的構成要素。所以我們為了要實現目標所採取的方式本身，或許也能夠滿足對方的一些需求。

到目前為止，我們已經探討過談判為何經常不必要地陷入敵對鬥爭和衝突，而這些對兩造也許都沒好處。如果談判涉及滿足需求，我們建議過程本身，也就是解決衝突的方式，即可以滿足參與者的需求。此外，因為任何人都是獨一無二的，因此潛在對手的需求也能加以協調和解。

現在，讓我詳細說明，如何在談判過程中調和對手需求，以實現合作產生雙贏的結果。

## 1. 善用過程來滿足需求

談判開始的時候，我們應該表現得像是天鵝絨，而不是粗礪的砂紙。適度陳述你的情況，用心思考和體會，甚至承認自己也有可能犯錯。各位請記住：「孰能無過？寬恕為貴。」不要猶豫地承認：「我需要你的幫助來解決這個問題，因為我不知道該怎麼做才好。」

始終以機智圓滑的方式來對待對方，並且顧及對方尊嚴。就算他們是出名的讓人討厭、消極負面、唱反調，也會因為你傳達積極期望的方法而卸下心防。如果給予機會，大多數人都願意適應並扮演為其建議的角色。也就是說，大家都傾向於按照你期望的方式來行事作為。

我們要嘗試從**對方的角度或參考架構**來看問題。先帶著同理心傾聽，不要在他們說話時就急著提出己方辯駁。永遠不要採取粗暴的手段和態度，因為你說話的方式通常會決定你能得到什麼樣的反應。避免採用武斷方式來回應對方。學習在答覆前加上「我想我剛剛大概是聽到你說……」。

這種「行為舉止的潤滑劑」可以軟化言辭，加持緩和行動，儘量減少彼此的摩擦。各位遵循這些指導方針，就能獲得一個盟友，因為你們是尋找雙方都能接受的解決方案。

讓我提起幾年前的往事，展示這種方法如何進行：

有一次，我跟某同事到曼哈頓出差。因為在當天早上的第一個任務之前還有點時間，所以我們兩人在飯店悠閒地吃早餐。點過早餐後，我的同事去外面買報紙。五分鐘後，他空著手回來，邊搖頭嘆息，邊低聲咒罵。

「怎麼了？」我問。

他回答說：「那些該死的傢伙！我走到對街的報攤，拿起一份報紙，遞給那個人一張十美元紙鈔。他沒有找我零錢，而是直接從我的手臂下把報紙抽走。我都驚呆啦！他才跟我說他現在很忙，沒空幫人兌換找零。」

吃完早餐，我們討論一下這個狀況。我同事的作為太過自以為是，他的對手則是「無禮頑固」，所以他永遠不會為任何人兌換十美元的紙鈔。於是換我接受挑戰。我穿過馬路，我朋友在餐廳外看著。

當報攤老闆轉向我時，我溫和說道：「這位先生……很抱歉……不知道能不能請你幫我一個忙。我剛進城裡，需要買一份《紐約時報》。可是我只有一張十美元紙鈔。不知道該怎麼辦？」他毫不猶豫地遞給我一份報紙：「來，拿去；你兌開零錢再回來付錢！」

我滿懷信心，手裡拿著「獎杯」，得意洋洋地大步穿過馬路。我同事邊看我邊搖頭，這樁戰績後來被他稱為「五十四街的奇蹟」。

我輕鬆地說：「這就是靠過程得分。只要先拉近距離就能掌握一切！」

## 2. 調和需求

不幸的是，大家都把彼此當成對手，相互交涉時一定先保持距離，甚至還要透過第三方來做交易。因為彼此有所間隔，大家輪流提出陳述和反訴，要求和反要求，再宣布結論，互相發出最後通牒。雙方都想提升自己的相對權力，隱藏重要的數據資料、事實和資訊。個人的感受、態度和真正需求也小心藏好，以免不慎曝露後遭到敵方利用。在如此諜對諜的氛圍之下，當然很難透過談判來滿足雙方需求。

但是人性的包容是無限的寬廣，彼此的目標未必是互相排斥。如果是在這種氛圍之中，我們可以建立坦率的信任，秉持善意，彼此交流態度、事實、個人感受和需求。通過這種自由的互動和分享，我們可以發揮創意找到解決方案，使雙方都成為贏家。

例如，一九四〇年代中期，已故霍華・休斯（Howard Hughes）製作電影《亡命之徒》（*The Outlaw*）。電影女主角珍羅素（Jane Russell）是黑髮俏女郎，豪乳高聳，乳溝深邃。電影也許讓人難忘，但那幅廣告看板令人更加難忘。看板上的珍羅素仰躺在乾草堆上露出深邃乳溝，我那時候年紀小，記得自己爬高高往下看，幻想自己可以看到什麼。

當時的休斯非常迷戀珍羅素，跟她簽訂了一份為期一年，價值一百萬美元的個人服務協議。

過了十二個月必須履約，珍羅素說：「我要按照協議規定拿錢。」霍華說他當時「頭寸」不足，但擁有大量資產。這位女演員的立場是她不接受這種藉口；她只想要拿到這筆錢。休斯不斷地告訴她說，他只是暫時現金不夠，請她耐心等候。但珍羅素也不斷地表示，按照法律協議，當中就明確要求在年底付款。

雙方的要求幾乎是難以調和。於是兩造採取敵對立場，委託律師進行交涉。過去密切的工作關係，如今變成你死我活的爭鬥。市場上謠言四起，大家都說這件事最後會鬧上法庭（各位要知道，霍華．休斯後來在環球航空的控制權爭議中狠砸一千二百萬美元法律費用）。這場衝突如果最後提起訴訟，誰會贏呢？唯一的贏家也許就是律師吧！

後來衝突是怎麼解決的呢？實際上珍羅素和休斯都很明智地以為：「看嘛！你跟我不一樣，我們的目標也各不相同。讓我們試試看，能不能在信任的基礎上互相分享資訊、感受和需求。」這就是他們的做法。因為願意互相合作，才能發揮創意想出辦法來解決問題，讓他們兩位都滿意。

後來他們把原始合約轉換成一份長達二十年的合同，珍羅素每年可以獲得五萬美元。這份契約方案的錢是一樣多，但支付方式不一樣。於是休斯解決他需要調「頭寸」的問題，而且還能把本金的利息保留下來。另一方面，珍羅素的應稅收入分攤為二十年也有好處，因為可以少繳點稅。這等於是領取二十年的年金，日常開銷也有了保障。

演藝圈的生涯往往很沒有保障。珍羅素這次不但「挽回面子」，還贏到裡子！各位請注意，要跟霍華．休斯這種怪咖對戰，就算你是對的，也可能不會贏。然而，就個人的不同需求來說，這次珍羅素和休斯都是大贏家。

## 衝突

衝突是生活中不可避免的一部分。大家各有各的目標，但總是有些人的目標會互相衝突矛盾。不管是什麼原因造成的衝突，從一塊餡餅要怎麼切分到一百萬美元該怎麼分配，即使雙方想要的東西都一致，衝突還是常常出現。

以下這個例子是雙方都想要同樣的東西，但衝突在於如何獲得（亦即手段）：

在足球賽即將結束時，地主隊向前推進，距離球門線只剩兩碼。在暫停時間，四分衛叫大家向前衝準備達陣得分，但教練堅持叫球隊射門取分[1]。這兩人的目標相同，都想贏得比賽。但手段或說是方法不一樣。

人與人或群體之間的衝突不管性質為何，都必須先弄清楚分歧成因及其發展過程。基本上，要爭取對手方的合作，第一步就是要先認清彼此在問題上的各自立場。

---

**譯註 1** 美式足球，達陣得六分，射門得三分。

搞清楚哪些部分是雙方都同意、哪些部分有所分歧，接下來再去分析觀點的差異是如何產生。如果可以針對差異進行規劃，診斷成因，就更容易拉近雙方距離，一起合作創造共贏的談判。

一般來說，我們對同一個問題存在分歧的原因，可能是來自三方面的差異：

1. 經驗
2. 資訊
3. 角色

## 1. 經驗

人們都無法看清事情全貌，我們只看得見自己看到的那一面。我們每個人，也都是自身經歷的產物，沒有任何兩個人可以擁有相同的經驗印記。即使是兩個同樣性別的孩子，只差一歲，由同一對父母撫養長大，仍是用不同的眼光來看待世界。同在一個屋簷下長大的兩個年輕人如果都不一樣，那麼來自完全不同環境的人怎麼會相同呢？引用老記者華特．李普曼（Walter Lippmann）所言：「我們都是自己腦中畫面的俘虜，相信自己經驗的世界才是真實存在的世界。」

因此，如果要了解你如何思考和解讀事件，我就必須先進入你的世界；為了理解你的行為，我則必須試著引發跟你同樣的感受、態度和信仰體系。

用現在年輕人的話來說，就是我要先知道「你來自何方」。

## 2. 資訊

我們在談判過程中通常會接觸到許多不同的資料，得知許多不同的事實。但一定有些東西「只在我紙上」，也就是對方不知道；反之亦然。根據掌握的各種資訊，我們每個人都會做出推理和結論，確定問題再決定行動方案。

若從不同的資訊基礎出發，顯然就會產生不同結論和方案。因此想要盡量減少必定到來的衝突，雙方都必須願意彼此分享這些知識。這不僅包括財務細節，還包括相關的想法、感受和需求。你如果期望對方理解你的觀點，唯一方法即是提供此觀點形成的依據。因此在本質上，這個任務是要讓對手明白及學習，不是為了爭論！

## 3. 角色

很多時候，不同的觀點是你在談判中扮演之角色所產生的結果。我們在談判中所擔任的角色或工作，會影響到我們對特定狀況的看法，也影響我們對於如何構成公平解決的看法。在雙方權利平等的情況下，檢察官和辯護律師儘管立場主張截然不同，但一樣是誠實坦然。

然而不管我們代表誰，有時都會以為自己才是正義力量的代表，相信「天使站在我這邊！我們是正義的一方，要和惡勢力來對抗。」這種姿態當然可笑，也是自欺欺人。各位要是希望談判順利成功，就必須先排除情緒和情感干擾。雙方都必須學會說：「我如果站在他們的位置，代表那些客戶，也許我也會採取類似立場。」

相信我，抱持這種態度不會讓你直接變成對方。反正不管怎樣，無論你表現出多麼善解人意，你也不會忘記是誰付你薪水吧。但如此思考有助於理解對方的限制、問題和真正的需要。擁有這種設身處地的觀點，是發揮創意解決問題的重要關鍵。

在繼續深入討論之前，讓我們先總結一下本章概述的談判方法。

重點不在聰明機智或巧妙地操縱對方，而是尋求信任基礎，在信任之上發展真正關係，才能創造雙贏。

我們一再強調，所有人都是獨一無二的，但也不是那麼複雜，大家只是希望可以滿足自己的需求。你我的需求容或不同，但我們不會因此就成為真正的敵對。只要能用正確的方法和方式來接近對方，我們可以調整或改變來滿足彼此需要，雙方都可能取得勝利。

成功的協調合作談判，在於找出對方真正想要的東西，並向他們展示獲得的方法，於此同時，你也能得到你想要的東西。

## 〔談判提醒〕

- 將重點從「戰勝對方」轉移到「解決問題」，雙方都可因此受益。
- 永遠不要採取粗暴的手段和態度，因為你說話的方式通常會決定你能得到什麼樣的反應。
- 重點不在聰明機智或巧妙地操縱對方，而是尋求信任基礎，在信任之上發展真正關係，才能發揮創意找到解決方案，創造雙贏。
- 找出對方真正想要的東西，並向他們展示獲得的方法，於此同時你也能得到你想要的東西。

# 09 再論雙贏技巧

比賽要到結束才真的結束。

——尤吉・貝拉（Yogi Berra）／前美國職棒大聯盟洋基隊名將

使用協調合作雙贏的方式讓雙方都感到滿意，重點在以下三個重要活動：

1. 建立信任
2. 獲得承諾
3. 化解反對意見

## 1. 建立信任

到現在為止，各位必須知道，我並不認同「人一定是貪婪或邪惡」的憤世嫉俗觀點。我也不低估，在競爭激烈的社會中建立信任的困難度，但經驗告訴我，這的確可以做到。在持續的關係中，你對他人的信任愈多，他們就愈能證明你的信心是正確的。坦率地傳達你對人們的誠實與可靠的信念，就是在鼓勵他們不要辜負這些期望。

另一個選擇是什麼呢？就是一開始就抱持懷疑和不信任，如此一來，也必定會實現你的預期。所以，要讓自己從最壞的狀況中脫身而出，唯一的辦法，大概就是先期待有最好的事發生。

而最好的事就是信任關係，雙方都堅定地相信彼此的誠實和可靠。這就是相互依賴，這種潛在的聯盟關係才能化解不可避免的分歧；以這種信任奠定基礎，才能把衝突轉化為令人滿意的結果。

互信是合作雙贏談判的主要動力，現在要討論的是如何及何時建立這種關係。我把建立信任的活動分為兩個時間架構，理由後續可知：

A.過程階段

B.正式事件

**A.過程階段**。之前，在辨別過程階段和正式事件時，我們用精神疾病做類比。各位應該還記得，我說精神疾病這種情況是在很長時間內漸漸發展而成，而這段期間通常是在正式事件（患者被診斷出精神疾病、證實為精神病患者）開始之前。這裡要說的重點是，談判一樣也是一個持續發展的過程，最後就是以雙方正式互動做結束。因此，當我們說「談判將在三月五日下午兩點開始」，就是指正式事件。

談判過程的最後一步，通常採取兩造之間對談的個人會議形式，但也可以透過電話甚至是書面訊息等方式來進行。大多數人都以為，這個最後階段才叫做談判。但是在每一個正式事件結束之前，都包含數週或數月的準備時間，而這些都屬於談判的過程階段。

大家要先認知到，正式事件也只是一個漫長過程中推升而出的高潮，這個概念還可以廣泛應用在日常生活之中。不管是自製烘焙好吃的手作蛋糕還是要去參加期末考，這些活動的成功與否，都是要靠之前的深思熟慮和及時投入的努力。

我做個比喻來深入說明。

你女兒和未來女婿想在教堂舉行正式婚禮，之後再辦一場盛大喜宴。為了女兒的幸福快樂，當爸媽的當然同意這個安排，也願意買單。雖然正式活動只是七個小時，但準備工作花了六個月的過程階段才做足。

所謂幸運者，按定義是指運氣很好的人，但他們之所以運氣好，其實是因為他們在過程階段有效利用時間做足準備。就像在烤蛋糕、參加期末考或籌辦婚禮等等，都是更早之前付出的努力而慢慢累積成最後的結果。

一樣的道理，決定談判最後結果的是我們做出什麼選擇，並不是在碰運氣。周遭大環境的演進變化也不是偶然的，這些演變是由行動帶來，或者更常見的，是在過程階段的無作為所引起。在實際的交涉往來事件之前，我們要先塑造態度、建立信心、發展期望。談判事件萬一產生不和諧的結果，很可能就是在過程階段種下禍因才長成惡果。正如英國前首相班傑明．迪斯雷利（Benjamin Disraeli）所言：「運勢都是自己創造出來的，我們卻稱之為命定。」

所以說，運氣喜歡那些利用領先的時間，來播種並塑造信任環境的人，這樣信任的環境會在事件期間成長和成熟。如此善用現在以測未來的能力，必當有所作為。

在衝突正式出現之前，就搶先想辦法影響對方態度最是有效。正如我先前所言，一旦攝影機的紅燈亮起，人們就會保持警惕，不願曝露任何蛛絲馬跡，以免被看穿弱點。

從過程階段進入正式事件之前，你的行動和行為雖然光從表面上未必看得到價值；但是具體談判一旦開始，你之前所做的那些，通常就會被當成我們說的策略、計謀或絕招，尤其是在競爭激烈的環境中。

且讓我誇張一點，詳細說明這個重點。

你跟我在談判事件開始時第一次碰面，這場競爭性談判很可能曠日費時，要拖很久。假設你為我準備了一杯咖啡和一支香菸，不過你自己都沒有。這時候，我會有什麼反應？要是我們之間沒有信任關係，我可能會猜想：「他的動機是什麼？是想討好我嗎？」各位可以想像得到，要是更加疑神疑鬼的人，也許還會猜想：「這傢伙是想害我晚上睡不著，或者是抽菸得到肺氣腫！」但這些招待如果是活動之前提出，我可能會認為這是體貼親切的表現。

簡單來說，在談判事件開始之前的一些行動會給你帶來好處、善意和信譽。但是在敵對氣氛的談判事件中，同樣的行為反而會帶來負面、懷疑和更多的不信任。

因此，各位一定要有效利用談判前的過程階段，不能等到真正的對抗或事件發生才急忙應對。善加利用這段前期時間，好好分析和判斷各種分歧的潛在原因。我們之前也曾經說明，衝突的原因可能來自**經驗**、**資訊**或我們所扮演**角色**的差異。

在這三大領域的運作正式開始之前，就要採取行動，如此得以縮小觀點分歧，建立彼此的信任感。然後不斷地在腦海裡想像，談判開始時需要的信任，彼此都沉浸在想要解決問題的正向氛圍中，一起採取行動來實現。

我們的世界可能是妄想又偏執，但**信任是萬能的潤滑劑**。除非你願意信任資訊，否則任何人告訴你的資訊都沒有任何價值。而且除非對手願意信任你，否則任何人跟你達成的協議也沒人會遵守。所以，各位一定要善用過程階段，來建立彼此信任的關係。

B. **正式事件**。一旦建立了互相信任的關係，雙方也會更了解彼此的脆弱，如此反而可以防止衝突惡化造成破壞，也會鼓勵雙方資訊共享。如果兩造能夠朝向這種氛圍發展，彼此也都會改變態度、影響期望，把原本可能的雙方互戰轉變為一起解決問題。假如能善用過程階段來實現這種轉變，兩造在進行正式談判活動時，也會尋求能滿足彼此需求的解決方案。

在正式談判開始時，繼續建立共同點以求建立信任。一開始就朝向積極正面的方法，有助於在各方面立即達成一致。如果談判是採小組會議的形式，你可能會說：「女士和先生們，我們何以在此的原因，想必大家都能一致同意吧？這狀況對各位有什麼影響？……我們可以一起制定公平公正的解決方案，讓所有人和平共處嗎？」

你顯然不是在尋求回饋，但是你對問題或目標採取的架構能夠激發眾人的認同。怎麼說呢？你的說法相當於要求大家同意在蘋果派插上國旗，招待孤兒熱騰騰的營養午餐，大家一起享用！

一開始的討論重點，應該先就問題的一般陳述來達成一致。如果你能讓每個人都把眼光放在最後結果，大家就會投入精神和創造力來尋找各種不同的替代方案和新方法，也許就能滿足所有相關人員的需求。

相對的，如果我們一開始就在討論方法或替代方案，什麼「我的方式如何如何、你的方式如何如何」，那麼大家很快就會出現分歧。從分歧點開始，各種要求和反要求隨之而來，接下來整個談判就撕裂成贏家和輸家。

因此我們最先考慮和重視的，應該是對目標的一致性，而非各自有什麼手段或方法，把參與談判的諸位從普遍不同意轉變為普遍同意。如此一來，可以減少焦慮、化解敵意，並且鼓勵大家更自由、更自在地交流事實、感受和需求。在這樣的創造性氛圍中，必定發展出一系列新的替代方案，讓雙方都能得到自己想要的東西。

我給各位舉個例子。大概是一年前吧，我在愛荷華州的艾姆斯談事情，跟一對認識很久的老朋友夫婦一起在餐廳吃飯。這裡就稱之為蓋瑞和珍娜吧。在我們看完菜單後，我問說：「怎麼啦？如果你們不介意的話，我會說你們倆看起來都有點緊張。」

蓋瑞無意識地擺弄叉子邊說：「你想不到啊，賀伯。我們今年兩週假期連要去哪裡都很難決定。我想去明尼蘇達州北部，或者可能是加拿大。珍娜想去德州伍德蘭的渡假村打網球……」

「我們讀高中的兒子最愛水上活動，就像隻水裡來的水精靈，他想去密蘇里州南部的歐扎克湖，」珍娜插話，又補充說：「我們讀小學的兒子想再去阿第倫達克山，因為他喜歡山……而我們的女兒，她現在大學三年級，她今年什麼地方都不想去。」

「那是怎樣？」我問。

「她想要平靜與安寧，」蓋瑞抱怨說：「她想在自家後院曬太陽，讀一點書好準備她的法學院能力測試。但我們不想放她一個人在家。」

「喔……」我說：「你們要討論好多地方啊。明尼蘇達州、德州、阿第倫達克山、歐扎克湖跟你家後院，都距離好遠啊。」

「你大概以為討論假期很有趣，但我們只是一直吵、一直吵！談到吵架！這位蓋瑞不想去德州，說他不想再吹冷氣。」

「這也能怪我嗎？」蓋瑞說：「我一年中有五個月，脖子上都在吹冷氣！讓我的肌肉感到痠痛。我也受不了潮濕，德州很潮濕。」

「這還沒完呢！」珍娜繼續說道：「我心愛的老公說不想穿西裝打領帶吃晚餐，但我呢，我就想每天晚上都在一家不錯的餐廳吃飯。我每天當大廚和洗碗工早就當膩了！」

「我今年想要休閒一點嘛，」蓋瑞說：「你去打網球，我去打高爾夫球，打完去吃飯也不必再換裝。而且，我們高中的兒子也不想盛裝打扮去吃飯啊。他只想穿著牛仔褲四處跑。」

「你們要開車還是搭飛機？」我問道，一邊把他們這些資訊在心裡整合一下。

「我們開車，」蓋瑞說：「我搭飛機會緊張。」

「但一到我們想去的地方，」珍娜說：「我就不再上車啦！一直到我們準備回來為止。一年四季不管春夏秋冬，我都在當免費司機！」

服務生過來為大家點菜之後，我說：「如果你們能原諒我這麼說。我想我可以說吧，因為我們也認識很久了。我覺得你們大概是用錯誤的方式來處理這個問題。」

「悉聽尊教！」蓋瑞說，又在擺弄著他的叉子。

「你們應該做的是，」我說：「找到一個解決方案，讓大家不只是可以忍受，更應該感到滿意。」

「怎麼做？」珍娜問，一邊捻熄菸頭。

「就我剛剛聽到的，」我說：「你們五個人的表現，都把彼此當做是對手，而不是一起合作來解決問題。」我轉向蓋瑞：「根據你的說法，你要的是打高爾夫球、不要穿西裝吃晚飯、遠離空調和潮濕氣候。」

「對。」他說。

我轉向珍娜：「根據你的說法，你想要的是打網球、外出用餐而且不用開車。」

「沒錯！」她同意。

「所以你們真正的需求，未必是要去德州或加拿大嘛！那些地點只是你們以為可以滿足需求的方法或者說是替代品而已。」

兩人都抿了抿嘴唇。

我指示餐廳小弟過來倒些開水，接著說：「你們的小兒子想看山；老二想游泳、釣魚，或者兩個都要；老大想準備學力測試。所有這些個人需求難道都不能兼容並蓄嗎？」

「我不知道欸？」蓋瑞說：「也許不行吧。」

「你們家的人我都認識，你們相處和諧也都彼此信任。所以你們已經成功一半啦！你們有沒有試過，全家人一起合作的共贏會議，首先把問題找出來達成一致？」

「的確是沒有。」珍娜承認。

「你們吃完飯後，為什麼不回家試試看呢？」我建議說：「你們夫妻倆跟孩子一起討論，尋求他們的幫助來解決家庭問題。不要在一開始就討論個別的替代方案或方法，而是專注在最後結果。換句話說，就是『我們要怎麼做，才能讓每個人都滿意？』」

蓋瑞挑著眉毛說：「你覺得呢，珍娜？要不要試試看？你比我老練機智得多，家庭討論的主席應該由你來。」

珍娜聳了聳肩：「好吧，讓我來。」

一個半月後，蓋瑞打電話給我，脫口就說：「賀伯！有效！」

「什麼有效？」我問。

「我們的假期合作解決方案！」

「很好！」我說：「結果你們去哪兒？」

「去科羅拉多州的偉爾莊園旅館，」蓋瑞說：「我們完全按照你的建議來做。大家先聚在一起，彼此分享我們的感受和願望。然後我們找了許多旅遊資料，從中尋找能夠滿足我們所有需求的解決方案。從討論中我們找到科羅拉多州的偉爾。」

「為什麼要去偉爾？」我問。

「因為那裡可以滿足我們所有的需求。關於德州、加拿大等等，你說得對。那些地方雖然很棒，但偉爾才能真正滿足我們所有人的需求。就資料來看是這樣，等我們到了當地，也確實如此。珍娜的網球場、我的高爾夫球場、小兒子的大山，我高中兒子有很多游泳和釣魚活動（甚至還去泛舟）。也不必吹冷氣，白天不潮濕，晚上很涼爽；環境平和安靜，我女兒可以用功讀書。也不需要開車，因為有接駁車。

而且我們雖然每晚出去吃飯，我也不必穿西裝！聽起來如何？」

「太好啦！」我說：「你顯然也很喜歡你們家在休假前開了動腦會議！」

「你說得沒錯！」蓋瑞說：「它讓我們大家都更加緊密地聯繫在一起。你什麼時候再來艾姆斯？」

「我下一次很想動一動時，就去走走。」我笑著說。

「你沒問題的，賀伯。你都知道該怎麼辦。」他說。

「也不是這樣，蓋瑞。你知道的，我碰上機械就不懂啦。有時候也是超尷尬。不過，解決你們問題的方法還不錯。」

那通電話讓我很開心，我喜歡看到持續維持關係的人一起合作，發揮創意來解決衝突。

以蓋瑞、珍娜和家人的例子來說，每個人都獲得勝利。一起協商「我們要去哪裡？」不把彼此看做是輸贏的對手，彼此都能關心每個人的感受和需求，個人的需求也都獲得協調和調解。所有人採取協調合作的模式，而不是競爭戰鬥。所以五個戰鬥士就一起變成合作解決問題的人。動腦會議強調的是目的，而不是手段，因此可以找到公平公正的解決方案，讓每個人都高興的解決方案。

我沒參加那個動腦會議。但我敢打賭說，正式的談判就是以正面積極的方式開始，才能讓各方立即達成一致。

通常在持續的關係下，在談判之前都有足夠的準備時間，我們可以在這個時候先建立信任。

但是生活就這樣嘛，在某些狀況下會有出乎預料之外的事情突然出現，需要進行談判。這種突發事件無可逆料，難以預先準備，就算有你喜愛的方式也完全身陷其中難以自拔。在這種情況下，我們還能建立信心和信念，追求雙贏的結果嗎？答案是肯定的！如果我們能夠正確評估情勢。即使欠缺過程階段，我們也可以運用事件本身來探查資訊，建立互信關係，為雙方帶來有利結果。且讓我跟大家分享一些不久前發生在我身上的事情。

我不在家的時候，我家人做過一些討論，認為我們的生活仍有不足之處，希望買一台錄放影機，具體來說，就是一台「RCA-VHS」錄放影機再加上有遙控器的二十一吋索尼電視機。當我在某個星期五晚上很晚到家時，馬上被告知這個決定，而且根據資格和能力，我被選中隔天早上去採購這些東西。我們是個民主家庭嘛，所以不管我怎麼抗議，都是四票贊成，只有我一票反對。

其實我抗拒的不是要求本身，而是時間點不湊巧。我原本就計畫在某個新案子上使用錄放影機，而且關於它的有效性也早就考慮過一段時間。不過我才在國外進行整整一週的煩人談判，現在可不想一回國又要跟百貨公司或當地店員廝殺喊價。

不過我還是去啦！誰叫我是一家之主，總得做點事來維持自己的家庭地位。但我遇到的最大問題，就是時間。本地商店都在上午九點開始營業，可是我十一點要帶我小兒子去參加大學足球賽，所以我沒有多少時間可以蒐集資訊，也沒有時間有效利用來凝聚力量。

幸運的是，我知道我的需求是什麼。他們想要用合理價格購買商品，小心仔細地送來和安裝。後一種需求，對我來說特別重要，我上次自己組個餵鳥器，就花了三個半小時！不過才三個零件組裝起來而已。

開車進城時，我對自己說：「賀伯，你這筆買賣不必做到多麼偉大，只是錄放影機的價格不要高到破金氏世界紀錄就好。所以不用太緊張啦！」

我表現得一副好像全世界我最閒一樣，裝酷裝到快精神分裂。我在上午九點二十分輕鬆快意地踏進店裡，對電器行老闆說：「嗨！」

「你好！」他回答：「需要什麼嗎？」

「喔，不知道欸！」我回答：「我隨便看看。」

因為店裡只有我一個客人，而且看來很閒的樣子，所以我就找他閒聊。我隨口問說，附近的購物中心剛開幕，對他的生意有沒有什麼影響。

「喔，」他保證說：「因為它剛剛開幕嘛，所以我這邊有點冷清。不過我認為生意還是會回來的，你也知道這種狀況吧。大家就好奇嘗鮮，想看看購物中心有什麼，對吧？可是他們很快就逛膩啦！你不覺得嗎？」

我點頭表示同意。

他繼續說道：「我相信老顧客最後還是會回來的。」

我一邊逛時鐘收音機和電視機，一邊表示對錄放影機有興趣，我也繼續閒聊發問，好跟他建立關係。我跟他說我住哪兒，強調本地商家對社區的重要性。

他用手背擦擦嘴，喃喃說道：「我也希望鎮上大家都這麼想啊！」

當我同情地傾聽時，他開始說起他的問題：「我不知道鎮上的人為什麼都愛用塑膠的簽帳卡。你想是因為政府印鈔票印得還不夠嗎？他們要簽帳，我就得付出代價。」

在我們繼續友好談話時，我的手指摸著錄放影機。「嗯……」我插話說：「這東西怎麼用啊？你知道，我對電器是大外行。我甚至連交流電和直流電都搞不清楚。」

他邊向我展示錄放影機如何操作，一邊又說：「這個剛好就是個例子。在那家購物中心開幕之前，有些企業經理人會一次購買兩三台做業務使用。不過最近都不來啦！」

我接著問說：「喔，那他們要是多買幾台，你會像大商店一樣打折扣嗎？」

「嗯，會打折喔！」他說話時眼睛閃閃發亮：「數量多，確實會賣得比較便宜。」

我表現出對錄放影機特別感興趣，讓他示範操作十五分鐘後，我問說：「你個人會推薦哪一台？」

他毫不猶豫地說：「別懷疑，這一台RCA就是最好的選擇。我自己也有一台。」

現在時間差不多是早上九點四十五分囉，我們已經以名字賀伯和約翰互相稱呼。我們已經發展出一段友誼，我對他的需求和問題也瞭如指掌。

現在友善的基礎也有啦，我擺出《孤雛淚》（*Oliver Twist*）主角羞澀靦腆討飯吃的表情說：「啊……這不知道要花多少錢。其實我一點概念也沒有。不過，約翰，我想鼓勵你繼續做生意。你知道你的成本。我跟你說我會怎麼做，約翰：我全靠你啦！就像我相信你推薦的最佳款式一樣，我也會相信你會給我一個合理的價格。不管怎樣，我都不跟你討價還價。無論你說出什麼數目，或者寫下什麼公平價格，我馬上付錢給你！」

「謝謝你，賀伯！」約翰說，他真的很高興。

我還是很隨意地說，像是脫口而出：「我相信你的誠實，約翰。我現在覺得我們早就認識啦。我不會質疑你提出的任何數目，雖然我知道多逛幾家店看一下是比較好。」

約翰寫下了一個數目，不過還是用右手遮著。

「我希望你得到合理的利潤，約翰……不過，當然，我自己也想得到一個合理的買賣。」

到這個時候，我提供更多資訊（各位還記得，我走進他的店也受命要買一台配搖控器的二十一吋索尼彩色電視機吧）。我說：「等一下……如果我連這台帶遙控器的索尼也一起買呢？這對總價有影響嗎？」

「你是說，要一起買嗎？」

「是啊！我是聽你之前說，才這麼考慮。」我輕聲說道。

「當然，」他喃喃說道：「你稍待，我把這些數目加起來。」

當他終於準備好給我總價時，我又說：「我還有一件事要告訴你。我希望我付給你的價格是公平的，這筆買賣讓我們雙方都能獲利。如果是這樣的話，我的公司在三個月內要進行類似的採購，那筆交易就歸你啦！」

當我繼續說話時，我注意到他劃掉剛剛寫的價格：「但是約翰，如果我發現我的信任有所誤解，這個失望也會阻止我再給你任何買賣喔。」

「當然，」他喃喃說道：「我到後面房間一下。馬上回來。」

他大概是去查了什麼資料，一分半鐘後又回來，他又潦草地寫下一個數目。

我想到他之前說的話，又冒險建議說：「我在想你幾分鐘前說的話。你說，關於現金流的問題。這讓我有一個剛剛沒想到的想法。我本來也是要用簽帳卡，不過……現在如果我用現金付給你，會更方便吧？」

「哦，是啊！」他回答說：「那是大有幫助，尤其是現在。」說著說著，他又在筆記本上記下另一個數目。

我咬了咬下唇：「你會為我安裝，對吧？到時我不在城裡，你知道的。」

「哦，是的！」他說：「我會幫你安裝。」

「好吧！」我說。「給我你的價格。」

他給了我RCA錄放影機和索尼電視的價格，總共是一五二八・三〇美元。我後來知道，這個價格很公道。

我大步走到隔著三家商店的某銀行，自己開了一張支票要求兌換現金，然後拿著錢回到約翰的店裡。現在是早上十點五分，任務完成！

故事說完了——這整個過程是發生什麼事呢？雖然我毫無準備，我還能依照我想要的方式完成買賣嗎？在競爭激烈的環境下，我要怎麼辦才不會被當凱子耍呢？

## 具體「遊戲計畫」

1. **建立信任**。因為我一開始就採取真誠、隨和、友好而輕鬆的態度，為賣家設定好友善回應的基調。
2. **獲取資訊**。我提出問題，帶著同理心傾聽，並傳達理解。
3. **滿足他的需要**。在整個過程中和兩台一起買的配套報價方式，都是為了滿足店主的獨特需求。
4. **運用對手方的想法**。我經常「轉述」剛剛賣家提到的想法。

5. **把關係轉變為協調合作**。我的主要重點是讓商家把我看做會持續來光顧的客戶，而不是單單一次購買。

6. **承擔適量風險**。儘管我準備好接受他開的價格，但我的風險很小。因為透過建立關係、緩慢提供資訊，再加上運用道德力量和未來選項，我大幅降低風險。

7. **獲得對方的協助**。經由賣方的參與，我運用他的資料和成本知識，來解決我們的問題。

約翰不僅把家電設備安裝得很漂亮，而且還免費送我一個錄放影機的檯子，我原本都沒想到需要這個。哦，對了！兩個月後，我履行我的承諾，第二次為公司做採購也是找約翰。從這一次開始，我們成了朋友，建立親密的信任關係。

基本上，信任關係一旦存在，就會持續下去。你看那些談戀愛的人可能會失戀，但對喜歡的人卻很少又變得不喜歡。如果彼此缺乏信任，你要在這種狀況下達成協議就彷彿是在流沙上頭蓋大樓。舉個例子，你可能會看到在全國政治大會的最後階段，幾個政治競爭者想要展現團結。但是欠缺信任基礎，這些談判的框架就會崩潰。因此如果希望相互承諾能有成功結果，首要任務就是建立信任。愈早愈好！

## 2. 獲得承諾

沒有一個人是孤立的個體。跟你交涉的每一位，旁邊也都有自己人相挺。從你背後的支持銀行到你的老闆，他們都是受到鼓勵才維持目前立場。就算是所謂的領導人，不管是國家元首還是一家之主，背後也都有一個組織來制定他們的決定。事實上，所謂的「領導」，通常只是對已經做好的決定加以認可而已。

假設你需要老闆許可才能得到你想要的東西。在說服過程中，你的結論是老闆實在頑固得難以相信。你自言自語說：「這傢伙太不可思議了，簡直沒人性！跟他說話像對著沒接線的電話說話。也許他的基因有問題！」

要解決這個問題，可能不是溫順地服從權威、讓他接受基因檢查，甚至是繼續正面強攻。答案可能是要先找出誰對老闆很重要，讓這些人來幫你影響他的回應。只要你能獲得這些人對你想法的承諾，就會產生奇蹟，就算碰上最頑固的老闆也是如此。

除非是隱居遁世者，否則每一個人都隸屬於某個組織。你的老闆是這樣，你也是如此。如果我透過背景脈絡觀察，各位都是連接在人際網路之中。那些都是你在工作和家庭中實際接觸、傾聽和交談的人。你一定有朋友、部屬、同事、同儕和熟人；那些你關心的人，你重視和尊重他們的意見，也有你將來可能需要而特別珍重的人。這個人際網路就是你的組織。你可能是樞紐或核心，而圍繞你旋轉的組織體也會影響你的行為。

如果我能以某種方式影響你的組織，他們的行動就可能讓你偏離原來路徑。各位請想一想：你為什麼會做某些特定之事？為什麼住在你現在住的地方？為什麼會開那輛汽車？這些決定是你自己做的、還是透過組織影響？不管那些人是誰，都可能影響了你的行為不是嗎？如果仔細想一想就會承認，其實有許多選擇，至少有一部分，都是別人做出來的。你也可能向來是領先帶頭的人，我也常常是領先帶頭的那一位，但這其實也是追隨前人的腳步。

美國文學家愛默生曾經說過：「萬事萬物都坐在鞍上，是它們騎著人類。」且讓我從自己經歷中提供一個小插曲，讓各位知道，我雖然是率領眾人前進，但其實只像是北歐戰船的船頭雕像。

幾年前，我住在伊利諾州北部的自由村鄉村社區。我家占地五英畝，草地綿延，橡樹高大，以及一座九個房間的大屋。我一直以為住在那裡真的很開心，直到有天早上，我老婆跟我說她其實不太開心。她說：「這裡的價值體系不適合我們，也沒有大眾運輸系統。更重要的是，孩子們在當地學校不能接受適當的教育。」我摸了摸下巴，喝完咖啡，我們就決定搬家。

因為我經常出差到處跑，所以找房子的責任就落在我太太身上。現在她親身體會之前暴跌的房市七年來的劇烈變化。報上看到的價格飆漲是一回事，親眼目睹市場又是另一回事。

雖然不太順利，我太太還是徒勞地繼續找了兩個月。在她受盡折磨的過程中，我還是很開心地住在那兒；因為忙著找房子的又不是我。到了週末我還會幫她加油，振奮精神，說什麼：「繼續努力！你所有的辛苦最後都會獲得回報。」或是「現在辛苦一點，以後就輕鬆了！」

不過總之，這些格言對我們的關係沒什麼幫助。對於我置身事外的態度，她決定我需要訓練以提升敏感度。為了讓我對市場現況大有所感，她叫我在週末也一起去看那些被否絕的房子。

我每個星期五晚上都很晚才到家，然後倒在床上希望可以好好補眠。但行程上可沒有這種安排。我老婆會在天剛亮時就叫醒我，叫我喝杯咖啡，然後整個星期六到處跑、看房子。星期日又重來一遍，直到我要趕去機場重新踏上旅程。這種行程表，我連過三個週末。

最後因為腳痛和一陣惱怒，我脫口就說：「喂，你口口聲聲說要實現自我、完成自我，想要扛起更多的責任。你現在就是一個自由解放的女人啊！為什麼買房子的事不由你自己來呢？反正你想買就買，買了再通知我。你寄一份備忘錄給我，我會很高興跟你和孩子們一起搬進去！」我頓了頓又想了想，然後繼續說：「其實我不知道自己幹嘛要去看房子，因為大部分時間都不在家啊。」換句話說，我只能做到這樣，現在就全靠她啦！

接下來的幾週，我知道她還在找房子。她找房子，我就沒什麼好煩的，因為是她又不是我。然後就到了決定性的那一週。

我在外出差時，幾乎每天晚上都會打電話回家。當然我也不是多愛講電話，事實上多年來，我跟人在電話上討論時老是覺得困窘。我的標準開場白幾乎都一樣：

「嗨！家裡都好嗎？」我最喜歡的答案一向是：「很好！」然後我接著說：「有什麼新鮮事嗎？」我最喜歡的答案也向來是：「沒有！」

現在我們來到徵兆不祥的一週。我偏愛的對話在週一、週二和週三晚上都重複出現，完全是標準問句和首選答案。到了星期四晚上，我打電話又問：「嗨！家裡都好嗎？」

我太太回答說：「好！」

「有什麼新鮮事嗎？」我繼續問（還能有什麼新鮮事啊？我昨晚才跟她談過）。她回答說：「我買到房子了。」

「什麼？再說一次。」

「喔，我買到房子啦！」她隨口就來一句。

「等等，」我插話道：「我想你的話是沒說清楚。你的意思是你看到你喜歡的房子啦。」

「對啊！」她說。「所以我買了。」

我的喉嚨好像腫起來快說不出話來：「不！不！你的意思是你看到你喜歡的房子，而且你對你喜歡的房子提出報價。」

「對啊！」她說：「結果他們接受啦！所以我們買到了。」

我艱難地嚥著口水：「你ㄇㄧㄇㄧㄇㄧ買了房子？整間房子？不可能啊！」

「喔，沒錯！」她就事論事地說：「這真的很容易啊……你一定喜歡。英式都鐸風格，有十六個房間。屋齡五十五年，可以俯瞰整個密西根湖。」

一陣疼痛從我的肩膀傳到左臂。我結結巴巴一遍又一遍地說：「你買了房子？」

「是的！」我太太強調。

最後大概意識到我壓力很大，她才低聲補充說：「不過我在合約上也註明，交易必須經過你的同意。」

現在我的左臂稍稍好一點：「你的意思是，如果我不同意，就不會成交是嗎？」

「當然，」我妻子向我保證：「這個約定到星期六早上十點。如果你真的不喜歡這個安排，我們可以退出。這就表示我又要重新開始找房子。」

星期五晚上，我很晚才到家，隔天又得早起。太太要帶我去看那間她認為可以買的房子。但是要在現場做出指揮決定的，卻是我這個名義上的戶長。我們兩個伶俐地坐進「指揮車」，名義上的領導者負責開車，我的伙伴坐我旁邊。

開車途中，我對太太說：「我先問一下，有人知道你差點買下這間房子嗎？」

「哦，有啊！」她說。

「誰會知道啊？不是才剛發生嘛！」

「很多人喔！」她回答說。

「誰呢？」我堅持問清楚。

「喔，首先，我們所有的鄰居和朋友都知道。其實今晚他們要為我們舉辦一場歡送會。」

我的下巴肌肉咬緊：「首先是什麼意思？還有誰曉得？」

「嗯，我們的家人都知道啊，你家跟我家的人。事實上，我媽媽已經特別為客廳訂購適合的窗簾。我量好尺寸打電話告訴她。」

當我的胃糾成一團時，車子正在轉彎過街角。

「還有誰知道？」

「喔，孩子們也都知道，大概也都跟朋友和老師說了；他們也都選好自己想要的臥室啦。雪倫和史蒂文甚至已經從百貨公司為新房間訂購家具。」

「那我們家的狗呢？」我問道，努力壓抑額頭血管不要抖動。

「哦，小毛球也去過那裡，四處嗅到處聞。她喜歡附近的消防栓，再過去的街區有隻可愛公狗引起她的注意。」

所以現在是怎樣？整個組織已經不跟著領導者啦，就是這樣！這就是組織行為的轉折理論（Zig Zag Theory）。就像各位所知，身邊的各種組織原本跟你並肩同行，每個人都步調一致，大家都走在一起。但突然間，毫無徵兆，隊伍突然變得彎彎曲曲。

發生這種情況時，領導者反而被困在狀況外，喃喃自語：「出了什麼事？大家都去哪兒呢？他們到底在哪裡？」這個現像就叫做孤家寡人，連根菸都沒得抽！

就我的例子來說，名義上的領導者如今就是在大隊彎彎曲曲前進時，自己一人孤單獨處。在這種狀況下，你認為現在很孤獨的名義領導者，能夠做什麼呢？你說得沒錯！只能批准一個已經做出的決定，才好保留所謂名義領導者這個頭銜。

我太太似乎比我還更懂得談判。她知道**身體一開始動，頭也只能跟著動啊**。

我太太所做的，就是讓那些對我很重要的人先對她的決定做出承諾。她實踐了那句老話：「請求寬恕通常比獲得允許更容易。」她先向我展示一個**既成事實**，一個已經完成的事實。而我為了維持領導的形象，甚至只是自我概念，也只好繼續帶頭向前衝啊。在購屋協議上簽名時，我只是在批准我的太太、孩子、我們的家人和鄰居、朋友，當然還有我家的狗小毛球已經做出的決定。

永遠不要將任何人看做是一個孤立的單位，而是把你希望說服的人當成是眾人包圍的核心。先爭取到周圍眾人的支持，你就能影響核心的位置和移動。

## 3. 化解反對意見

你要頂著大太陽走到自己的位置，就必須忍受腳上磨出一些水泡，也就是那些對你的通行權利提出爭議的人。出現種種反對意見，這本身並不是什麼錯誤。各位從各種反對意見之中，反而可以鍛練腦力，提升技能，讓生活更添熱情和滋味。在跟對手公平競爭之中，你可以深入了解自我，得以促進自己的成長和發展。就像美國文學家惠特曼（Walt Whitman）所言：「從那些跟你唱反調的人身上，你沒有學到很多東西嗎？」

阻力其實就是人生的全部，我們的整個肌肉系統都要依賴它。嬰兒第一次學著站起來，會遇到重力的阻力而坐倒。但是小嬰兒堅持下去，他鍛練手臂、腿和背部的肌肉，最後終於成功站起來。碰上反對意見，可以讓你隨時保持警惕。

想得到你想要的，必定會碰上阻力。各位要是沒發現對手，那可能是你還坐著沒動。基本上，我們談判也未必是為了得到自己想要的結果。你要是什麼都不做，也會很快碰上阻力。你的老闆、同事、部屬、伴侶、家人和其他相關人等，都會因為你的不作為而反彈。我們有時想要控制自己的失望時，甚至也要跟自己談判。所以問題不在於我們是否會碰上反對的阻力，而是：「你的阻力來自何方？」

反對者有兩種形式：

1. 想法反對者
2. 內在反對者

## 1. 想法反對者

指的是針對特定問題或替代方案，意見跟你不同的人。誤解的差異往往是理論上的。我們會說：「我認為應該這樣做。」他或她說：「不對！我認為應該那樣做。」要解決這種觀點衝突，使用上一章建議的方法，就有可能得到雙方都滿意的解決方案。

各位請記住，我們的方法鼓勵彙集想法、資訊、經驗和感受，以找到互惠互利的結果。讓雙方共同努力，甚至可能產生協同效應。能夠調配雙方來共同努力，最後結果也會超過雙方的投入。協同作用發生之處意味著「整體大於各部分之總和」，這是一加一等於三。也就是說，最後協議給雙方帶來的東西，可能會比他們一開始期望的更多。

一旦會有這種情況發生，就是我們已經利用逆境或反對的壓力來幫助自己，得到我們想要的東西。運用這種方式來處理，想法上的對手始終都有可能成為你的盟友。既然迎合雙方需求的解決方案對你和對手都會比較好，為什麼這樣的結果卻是如此罕見呢？

因為要先建立信任，就必須先從定義問題來達成一致意見；這樣開始的重點，大多數人都沒做到。他們反而是先公布自己的解決辦法或替代方案，從提出己方意見和想法與對手方正面對決。他們甚至可能採取更加強硬的立場，把己方結論傳達為要求或最後通牒。面對對方通常以數字表示的質疑，也會讓你做出同樣的回應。於是雙方突然分裂成對立兩極，進入非贏即輸的競爭性談判模式。這時候，潛在盟友就變成我們的對手。

如果雙方都意識到自己的困境，可以放棄這個只注意到「我的方式與你的方式」的框架。我認為，這時候如果還沒有太大的損害發生，雙方可以共享資訊，重新設計配套方案，還是可以獲得雙贏的結論。

但是如果不願改變焦點，這時想要調和立場上的分歧，往往是令人沮喪的。想要運用談判結論或最後通牒來扭轉對方的想法，就像拿柄小刀對付一棵大杉樹一樣。你儘管可以戳開幾個洞，大樹還是站在原地屹立不搖。你找不到著力點，也不會有任何收穫。

我的意思是這樣的：你來應徵我公司的工作，要求五萬美元的薪資。這是你的結論，你認為自己值得。我根據公司的薪酬等級結構和其他人的收入，我準備給你三萬美元。這也是我的結論。你重申五萬美元是你的「最低價」，而我重申三萬美元是我的「最高價」。我拒絕讓步，你也拒絕讓步。你不願調低，我也不願提高。

本著和諧的精神，為了打破僵局，我說：「那好吧，也許我可以提高到三萬零二百美元。」

你諷刺地回答說：「那也好，或許我可以調降為四萬九千九百九十美元。」

我們兩個像是兩隻山羊在懸崖上對撞角力。

「就只有這樣嗎？」你終於問了。

「對，就這樣！」我回答。

你一怒之下離開，決定另謀出路。我也覺得惱火，打開書桌抽屜，開始翻閱一堆履歷表。

但是，意見相左的我們，如果願意開始尋找解決方案來滿足我們雙方的需求呢？我們會逐漸建立信任感，樂意彼此分享資訊、經驗、感受和需求。隨著雙方關係的進步，彼此都聽到對方的觀點，如同我們從自己角度來看待事物，現在也願意從對方的角度來看待事物。我們就可以理解對方的限制，傾聽彼此對於薪資的立場，理解數目字背後的基本緣由。

儘管付出所有這些努力，但僵局仍然存在，我們對於薪資的目標還是相差很遠。假設我現在拿水瓶給我們倆各倒一杯水並建議說：「也許我們可以先撇開工資，來談談有什麼別的方式做補償，可以滿足你的特殊需要。」

你點頭表示同意。我們考慮你我的約束、限制和需求，一起著手重新安排配套方案或修改協議。我們正在做的，就是從你我受到限制的競爭性輸贏的薪酬談判領域，轉變為雙方都擁有更大彈性、可以運用更多槓桿的合作領域。

經過坦誠的討論後，彼此互有犧牲和給予，我們設定了這樣的條件。雖然你還是只拿三萬美元的薪資，但獲得其他形式的酬勞。最終協議結果，讓你總共拿到超過兩萬美元的價值，包括：

①公司配車
②公務費用帳戶
③鄉村俱樂部會員資格
④盈餘分享
⑤退休基金的免費捐款
⑥低利貸款
⑦免費醫療專案
⑧牙科補貼專案
⑨免費人壽保險
⑩萬一住院由公司負擔八五%費用
⑪未來的進修機會

⑫認股選擇權
⑬每年更多休假
⑭再加休一週特別假
⑮由你自己控制預算
⑯帶窗戶的新辦公室
⑰由你自己指定的停車位
⑱為你的孩子提供教育機會
⑲公司負擔搬遷費用
⑳專案成功完成可得獎金
㉑擁有你自己的祕書
㉒辦公室地毯下再加兩吋軟墊，你可以在上面彈跳
㉓如有需要的話，你原先的舊房子可由公司收購
㉔由公司負擔所有經費，去夏威夷參加產業協會的年度旅行
㉕擁有小額特許費用，自行開發新產品

當然，這些條件已經超越現實，超越我知道的任何僱用契約。不過我如此誇張，是為了讓各位明白，在某些情況下鈔票也能以薪資以外的形式出現，讓個人感到滿意。

各位應該注意到的是，這些項目雖然也是花費公司的錢，但從公司的角度來看，也許是更容易被接受的支出。最後，有些福利酬勞跟薪資不同，法定上並不課稅。所以這些福利所獲得的價值，其實是比你直接拿現金還要多。因此，你剛剛體驗的，就是我們強調的協同效應。

各位請記住，這二十五個附加條件也還不到最完整的程度，其中有些項目對你有沒有價值，多多少少是取決於你的獨特需求。其實它們都是不同形式或以不同方式發送的鈔票。

各位如果是那一位求職者，這個經過改造和調整的配套也許比五萬美元的薪水更能滿足你的需求。假設這套創意協議是合理的，也不必為雇主感到心疼；有經驗的購買服務者，通常都可以從他的支出中擷取價值。

剛剛的重組談判架構來滿足想法反對者的需求，是假設示範。再來我舉一個真實的例子。

幾年前，我代表一家大公司想在俄亥俄州東部購買煤礦。煤礦主是個強硬的談判對手，一開始就開價二六〇〇萬美元。但是我第一次只提出一五〇〇萬美元的報價。

「你們是在開玩笑嗎？」礦主咆哮。

我公司就真的回答說：「沒有。我們沒在開玩笑！但是你開給我們的賣價如果現實一點，我們會考慮的。」

礦主仍然堅持要二六〇〇萬美元。

在接下來的幾個月，買方屢次調高出價：一八〇〇萬美元、二〇〇〇萬美元、二一〇〇萬美元，最後到了二一五〇萬美元，但賣方始終堅拒讓步。如此僵持不下，雙方都無計可施。現在的情況呢？買方報價二一五〇萬美元，而賣方要求二六〇〇萬美元。就像我之前說的，如果只看結論的話，要達成創造性的談判幾乎是不可能。因為我們不曉得有關對方需求的資訊，因此很難重組或重新安排配套。

其實公司的報價看來很公平，但礦主絲毫不為所動，讓我很困惑。那時，晚上我常常跟他一起吃飯。我們每次一起吃飯，我都會多費唇舌地解釋公司當前報價已經是很合理的價格。這位賣家通常沉默以對或逕自轉移話題。不過有一天晚上，在我的例行勸說之後，他回答我說：「你知道，我哥哥那邊賣了二五五〇萬美元和一些額外獲利。」

「原來啊！」我想：「這就是他鎖定那個特定價位的原因。他還有其他需求，顯然我們忽略了。」

發現這一點以後，我和公司一些高級主管一起商討對策：「讓我們看看他哥哥到底拿到什麼，我們就可以重新安排我們的配套提案。顯然我們必須處理一些跟市場價值無關的重要個人需求。」

公司高層表示同意，因此我們就採取這條路線前進。沒過多久，談判就順利完成啦！最後的成交價完全在公司預算之內，但我們提供的買價和一些額外福利，讓礦主覺得自己賺得比哥哥還多！

## 2. 內在反對者

我們已經說明，**想法反對者**可以透過事實和描述說辭，在知識層面上得到解決。這種狀況是雙方儘管一開始觀點不同，但還是可以發揮創意來解決問題。

**內在反對者**是情緒上的對手，他不但不同意你的觀點，而且是針對你個人。他甚至可能認為你的立場是居心叵測甚至邪惡。在這種極度緊張的狀況下形成的判斷，可能成為指控，還會逐步逐項記仇記恨、吹毛求疵。這顯然不是能夠發揮創意解決問題的有效環境。

我們一旦碰上內在反對者，往往會跟你糾纏很久，因為他們頑冥不化很難扭轉。不管你整理邏輯、講道理，擺出各種事實證據、陳述種種想法等等都不夠。因此一開始就要避免產生內在反對者，就像我們預防傳染病一樣全神戒備。

接下來我們要問的，顯然是內在反對者到底是怎麼產生（或說轉變）出來的。因為「面子」問題遭到攻擊，是導致某人成為情緒化敵人的原因。

所謂的「面子」就是我們希望別人認為我是怎樣的人，這是個人希望被公眾看見的方式。在艱難的談判之後要是會擔心面子問題，就是想要確保自己在聲譽、價值、尊嚴和受到他人尊重方面，不會因此遭到削弱。

另一方面，「自我形象」是我們自己如何看待自我，也就是你認為你自己是怎樣的人。你對自我、自己的能力、價值和角色，有什麼樣的概念。

想像中的他人看法會跟自我意識稍稍重疊，但只是輕微的重疊。簡單來說，我們所謂的「公眾形象」和「自我形象」，還是可以區分出來的。

為了讓各位更加理解，假設我們在某個私人討論中，我對你做了人身攻擊，說你撒謊，是個小丑、是個騙子。這樣的無端冒犯和攻擊，也許會讓你暫時感到惱怒，但你的自我形象無疑足以承受這種辱罵。

你搖著頭離開的時候，甚至可能會想：「這傢伙不但讓人討厭，而且根本是有病！」另外，要是我第二天恢復理智，為我的失態和失禮誠懇道歉，你或許還會原諒我，因為這件事情只有你我牽涉其中。

現在我們假設是在公開會議上，或是當著同事眾人面前，我一樣猛烈攻擊說你撒謊，是個小丑、是個騙子。雖然我的指控完全不合理，你的自我形象還是拒絕接受，但你在大家面前丟了臉，自尊心會蒙受傷害。這時你可能就會開始記仇記恨，對自己說：「這是第一點、第二點、第三點，我欠那個痞子的帳，必定加倍奉還！」

假設我第二天登門請罪，你會原諒我的一時錯亂嗎？我的道歉很可能不會被你接受。這時候的你不但因為自尊受到傷害而成為頑強敵人，而且我在大街上攻擊，事後只是在小巷裡道歉就想息事寧人，你當然不會接受。

大家都會盡量避免丟臉甚至不惜走極端。一旦面對丟臉的狀況，我們都表現出保護自己的非凡能力，不管是扭曲認知或合理化行為，總之就是要完全阻止這種事情發生。用前段時間流行的一首英文歌來說，就是：「痛得記不住，我們就選擇忘記。」1

十年前，我認識某位企業高層，他對公司忠實服務多年，卻意外遭到解雇。但他從沒跟家人朋友說他已經失業，而是每天早上照常拎著公事包，從郊區搭車進曼哈頓。然後就在時報廣場附近的電影院或公共圖書館耗一整天，挨到下班時間才又搭車回家。

這樣隱瞞兩個月後，蒙在鼓裡的太太突然給他辦公室打了電話，他編造的虛構世界才整個崩潰。這個故事說來悲慘，但卻指出我們都有讓人難以相信的幻想能力，想要保護自己在親人、愛人眼中的地位。各位在閱讀尤金．歐尼爾或田納西．威廉斯（Tennessee Williams）的劇本時，也會發現這個反覆出現的主題：維護虛偽的白日夢，以保護自己的「面子」。

大家要記住，每個人都可能採取不理性的激切行為來挽回面子，所以大家要避免讓對手在公眾面前感到尷尬下不了台。我們也都要自己練習，如何在不冒犯對方面子的條件下與對手坦誠溝通。

我們要學會能夠表達自己的觀點、提出自己的方案，但不會讓對手變成內在反對者。大家時時刻刻都要記住「每一個作用力都會產生反作用力」這個物理定律。

金融投資專家伯納．魯克（Bernard Baruch）曾說：「有兩件事對心臟有害，跑上樓梯和貶損他人。」

在此強調造成內在對手的後果和風險，我想到兩個例子。

第一個是一位名叫凱特的主管，她在一家標榜「開放政策」的大公司是個稱職的員工。這個「開放政策」的意思是說，如果員工認為自己受到委屈，而上司沒有出面糾正，員工有權向上級申訴。實際上如果有必要，員工甚至可以越過自己的上司直接找公司老總。有一次凱特相信自己受到上司的苛虐對待，在循正當管道申訴卻沒有獲得理會時，她決定行使自己向上申訴的權利。

她直接給公司總裁寫了一封信，然後由公司出錢讓她搭機飛往總公司辦公室。她在那裡找到比她上司高兩級的部門副總裁。案情曝光後，凱特的直屬上司看來真是囧透了。

在她回來一週後，凱特被傳喚去見她的主管和主管的上司。在這次會議上，她的主管承認自己做法錯誤，承諾糾正她所投訴的內容，並請求諒解。後來事情獲得

**編註1** 此句原文為What is too painful to remember, we simply choose to forget. 出自一九七四年美國歌手及演員芭芭拉．史翠珊（Barbra Streisand）發行的歌曲「The Way We Were」。

滿意的解決，但她跟主管的關係卻回不去啦。

首先，主管開始公開指責她的錯誤，刻意書面記錄她每天上下班的時間。接下來的幾個月，員工會議和資訊備忘錄都有一些小問題，讓她無法及時接收，導致制定計畫和採取行動都遭受阻礙。雖然後來還是獲得加薪，但調升幅度比她預想的還少。

在「開放」事件發生的十個月以後，凱特知道這些都是什麼意思，她也樂得離開那種「束縛」，找到一個她跟我說是夢想中的新工作。

第二個例子是文斯，他是社會科教師，也長期在城市高中擔任棒球教練。由於人口結構的變化和所在地區的輕微抗稅風波，校長召集全體教職員大會，討論預算削減的事。校長做了精心策劃的幻燈片簡報，結論自然是從她提供的綜合資料中得出。最後她收好幻燈片才問一句：「各位有什麼意見嗎？」但不像是要找人回答。

結果我們的文斯不識相地舉手發言，坦率地指出簡報上選擇展示的統計資料出現幾個邏輯錯誤。又進一步闡述，提出一個讓人信服的論點，表示校長提供的證據並不能支持她的結論和行動計畫。

文斯這些話特別是針對這位擁有數學高等學位的校長，她總是引用米開朗基羅的話說：「小事造就完美，但完美本身並非小事。」在文斯漫長的職業生涯中，這段小插曲本來無足論道。但下個學期文斯被要求擔任足球教練而不是棒球，一年後又被轉到離家更遠的另一所高中執教。

據我所知，文斯現在還是離家長途通勤上班。關於他的職業生涯，各位也許可以說那是處於停滯狀態；而在通往成功的道路上，他現在算是停在路肩吧。

這兩件案例讓各位看到，你要是讓人在大家面前出醜，那會是冒著什麼樣的危險。因此就算你是正確的一方，也要避免羞辱他人，至少別在公開場合這麼做。各位記住這一點，不僅是為了給對方顏面，也是讓自己少了很多麻煩。總結而言，要避免內在反對者，也就是要避免出現互相看對方不順眼的感覺。

我們要怎麼確保不會製造出內在反對者呢？我有兩條規則，是用簡潔的否定句來表示：

## 1. 永遠不要忘記態度的力量

你會記得我之前說過，無論是在工作中還是在家裡，談判都是一場遊戲：「要小心注意，但是不要太過在意。」就算你有十足的正當理由進行報復，也要克制自己。各位請記住，挑釁行為本身不是問題，而讓你感到惱怒只是你對它的反應。事實上除非是你自己同意，沒有人也沒有任何事情可以激怒你。對此，美國開國元勛傑佛遜（Thomas Jefferson）曾指出：「在任何情況下都能保持冷靜與從容不迫，最能讓你比其他人更占優勢。」各位不妨一遍又一遍地告誡自己：「這只是一場遊戲一場夢。這是個幻象世界。感知得到的策略就不算策略。我在乎，但不要太過在意。」

## 2. 永遠不要評判他人的行為和動機

我們無法深入別人內心，也不知道他們是怎麼想的，卻認為自己可以知道對方的動機或原因是什麼，其實是挺荒謬的。有很多時候甚至連他們自己都不知道嘛。另外，我們獲得資訊後如果過早提出評判，說話者很可能因此住嘴，不敢再說下去。

比方說，某家孩子晚上回家，隨口對爸媽說起：「嗨，媽媽，爸爸，你們知道嗎？剛剛有人拿一根大麻菸給我！」

「給你什麼！」爸媽異口同聲驚叫，激烈反應嚇壞了孩子。不知不覺中，孩子退縮了，接著是一陣沉默。現在請問各位：接下來的討論能有多坦誠、多開放呢？

且不論這種特別的質問，未來又會是什麼樣子呢？這個小孩以後不管過幾個月或幾年，回家還會跟爸媽提起這種事嗎？我想是不會吧。

為什麼呢？因為小孩子都很聰明，知道跟爸媽說這種事，只會為自己招惹更多麻煩。各位在家裡或工作中，如果也是採用這種方式，你的訊息來源就會枯竭，你在談判時鼓勵對手投入與承諾的能力，也因此大為減損。

爸媽這種爆發式質問也許是極端了點，但我們慣常使用的語言和伴隨的暗示，也常常呈現同樣的負面評判。以下是幾個例子：

### 實例 1

家長走進孩子房間說：「這地方看起來像個豬窩！我都聽到豬在叫了。」

**實例 2**

夫妻間的對話：「我說話你有沒有在聽？餐盤放進水槽之前，不能先清掉沒吃完的食物嗎？」

**實例 3**

憤怒的爸媽對孩子大喊：「你音響裡放的野獸派音樂太大聲啦！左右鄰居都快被你吵死了！」

**實例 4**

談判者面向桌子對面的對手說：「你對這些數據資料的分析和計算成本的方式，根本都錯了！」

我舉的四個例子應該都很明顯，說話者像是在扮演法官的角色，在個別狀況下去評判他人的生活方式、價值觀、思考方式、誠實正直或智力。

我當然不是建議各位嘮嘮叨叨用些老生常譚，把家人看做對手。我的意思是說，這樣的公開言談，的確會冒犯和貶損對方的面子。而且這樣說話如果成了習慣之後，也很難改掉，甚至可能波及其他尚未建立信任而且高度敏感的交涉。

要消除這個潛在問題很簡單。各位需要做的，就是在這些訊息中用「我」代替「你」。透過這個「我」，我們可以表達自己的個人感受、反應和需求，但無需進行評判。

在簡單地合併修改後，那四則例子會變成：

**實例** 1

「要是房間不整潔，我會覺得沮喪、挫折和不安。」

**實例** 2

「我發現先把盤子上的剩餘食物刮乾淨，我飯後的清理時間可以節省一半。這對我很重要，因為我也不喜歡洗碗。」

**實例 3**

「我被吵鬧的音樂打擾了，覺得又累又緊張。那個音樂讓我覺得很煩躁欸。」

**實例 4**

「我對這些資料的檢視方式跟你不一樣，我覺得……」

我們一直在說，有些反對是必要的，因為這會帶來成長和進步。各種進步其實都是來自對手的挑戰，是因為有那些對現狀不滿的人帶來刺激。正是這些不同想法和方式產生必要的張力，才有可能刺激創意來產生解決方案，這就是進步的基礎。

因此，我們應該珍惜想法反對者，他們其實可能會變成盟友。我建議大家用真誠和堅持的態度向他們表達你的觀點，不要讓你的自尊凌駕於結果。雖然過程中難免會有些緊張，但我們應該避免情緒反應，以免想法反對者轉變為更糟糕的內在反對者。

各位來分享本章提出的概念和想法，應該可以看出我說的不是在玩什麼花招或騙局。在協調合作的談判中，不需要縱容、恐嚇、欺騙、操縱、煽動或玩弄什麼手段。

相反的，我現在提出的是以建立持之以恆的關係為導向的策略。雙方建立信任，一起把力量投入來解決問題，這就是互惠互利。這樣的策略是創造出信任的氛圍，讓雙方的需求都可以得到充分滿足，彼此立場也獲得強化。

## 妥協的解決方案

不幸的是，許多談判代表以為「妥協」跟「合作」是同樣的意思。並不是。根據定義，妥協是雙方各自放棄一些自己真正想要的東西才能達成協議。這樣的結果是任何一方都沒有完全滿足自己的需求。

妥協策略其實是建立在錯誤的前提上，也就是說雙方的需求，彼此是對立的。因此，永遠不可能實現雙方都滿足的局面。從這個假設出發，大家就得想方設法提出一些奇奇怪怪的要求，以便為最後的讓步預先爭取空間。

如果雙方都承受壓力，為了整個社會不會撕裂而擱置分歧，我們會在彼此的極端立場之間做出妥協。這個解決方案雖然被接受才能避免無路可走的僵局，但雙方都沒有獲得真正的滿足。

我們的需求受挫，就只能在陳腔和濫調中找點安慰：「沒魚，蝦也好！」或「犧牲一點點，也獲得一點點。」或「談判的好結果，就是雙方都有一點點不滿意的結果。」不用說，彼此都沒得到真正想要的東西，我們沒有義務要贊成這種安排。

如果把「妥協公式」從字面上應用到生活中的談判困境，那樣的解決方案恐怕是有點荒謬。讓我舉幾個生活例子跟大家說明我的看法：

## 小插曲 1

來自華盛頓州西雅圖的兩名研究生決定一起過寒假。男孩想去拉斯維加斯，女孩最想去新墨西哥州的陶斯。就我們所知，這是他們兩人的各自結論，還沒經過溝通討論。

假設只能從這兩個地點來尋找折衷方案。要是按照妥協公式，那麼這對情侶只好到亞利桑那州東北部印第安霍皮保留區的波拉卡（Polacca）附近渡假囉。

當然我這是故意說得誇張一點。現在大家應該也都知道，這對情侶如果互相分享訊息、經驗、假設和期望，大概也可以選到一個雙方都滿意的旅行地點。認真討論的話，男孩的需求是賭場和明星表演，女孩想去高山滑雪呼吸新鮮空氣，那麼符合兩者需求的渡假盛地也是有的，例如太浩湖（Lake Tahoe）或斯闊谷（Squaw Valley）。

## 小插曲 2

我最近聽到一則關於妥協的有趣故事。這是一位朋友告訴我的，大家都親切地叫他「大佛」，因為他曾經離開妻子和襁褓中的兒子，一心一意去追求真理。雖然那次崇高的追求只持續二十二個小時，但大佛的綽號就這麼保留下來啦。

大佛說他的兩個十幾歲兒子在週日家庭聚餐結束時發生爭執。衝突的理由是兩個人在搶最後一顆愛達荷烤馬鈴薯，這原本也不是什麼大事。但雙方都堅持不讓，分歧愈演愈烈。

大佛扮演族長的角色，但是在沒有深入探查任何訊息的情況下，我的朋友替他們做了決定。他依照佛教傳統的「中道」而行，把馬鈴薯切成兩半，分給兩兄弟。大佛對他的解決方案感到滿意，就退到客廳休息，尋求心靈的寧靜，或者說是看電視領會涅槃。

但當天晚上，大佛聽說他的「完美妥協」其實還有改善空間。因為一個兒子似乎只想吃烤馬鈴薯的皮，而他的兄弟只想吃柔軟內瓤。顯然他們的需求其實並非對立，最好的解決方案也不是一切兩半的妥協。

## 小插曲 3

小時候我跟姐姐共用一個臥室。我們兩人雖然年齡差距很小，但在智力和成熟度上，她在巨大鴻溝的那邊看我還是像個小朋友。她嚴肅地追求學術與文化，而我只密切關注傑克·阿姆斯壯（Jack Armstrong）和魅影奇俠（The Shadow）的冒險活動，兩人對比鮮明。

由於興趣不同再加上共用臥室的有限資源，我們經常因為煩擾和不知體諒的行為而發生衝突。我們努力了幾個月，試圖「折衷取半」或說是「各占一半」來妥協共處。但就算是書面記錄時程和協議、再加上爸媽一再調解，爭議猶然存在。

到最後，我們的問題獲得解決，是因為雙方都認知到，我們為了一次又一次的折衷和調整浪費了大量的時間和精力。體認到認真解決問題才是彼此的共同利益，我們的思考才能夠超越空間、時間和物質等明顯的實體資源。滿足我們兩人需求的解決方案是：購買收音機用的耳機。

此後我隨時都可以聽收音機，不會打擾到姐姐。這個解決方案的主要好處，是後來我聽到家樂氏宣布「千載難逢的好機會，開始發送初級 G 人卡」（Junior G-man Card）。我現在回想起來，這可能是我人生中一個重要的轉折點。

---

正如以上例子所示，使用「統計上的妥協公式」不一定能成功解決衝突。這種方法要是被大家「全面」採用，必定造成兩造勾心鬥角，伴隨而來的就是現在各位熟悉的戰術演練、最後通牒和種種以自我為中心的敵對行為。

當然也不是說妥協必定是個糟糕的選擇。妥協策略也有它可能適合的特定狀況。因此各位必須認知到，有時候要真正有效，就不得不妥協、適應、說服、競爭，甚至隨時準備走人。

但是，如果我們與對方關係仍是持續，從一開始就應該努力尋找不僅是可以接受，而且要讓雙方都感到滿意的解決方案。但若狀況允許，我們也可能需要改變最早的合作過程，以展示更多的調節適應甚至是競爭。

就跟偉大的西洋棋大師一樣，成功的談判者從開局到結束，都需要知道每一種可能的策略，然後才能信心滿滿地進行談判，因為他已經為各種可能發生的狀況做好準備。儘管如此，他也要努力爭取最好的結果，就是能夠給予每個相關人等想要的東西。他也知道妥協也許可以接受，但這並不會讓雙方都感到滿意。這個只算是備胎，一個最後或許不得不使用以避免僵局的策略性結果。

本章一直強調的是，各位在談判中獲勝並不代表需要有人輸。所謂的勝利，是準確地看待現實，並且能夠以適當策略做出反應來管理結果。

成功是你能滿足需求，符合信賴之事，並與價值觀保持一致。獲勝是找出對方真正想要的東西，讓對手方知道有方法可以讓雙方都拿到自己想要的東西。

雙方都能各取其需的確是可以辦到，因為我們每個人各有好惡，不會完全相同。大家當然都是努力滿足自己的需求，但這些需求就像我們的指紋一樣，各不相同。

不過好笑的是，當我努力討價還價想要拿到我想要的東西時，我的滿足感只有一部分來自正在交涉的產品、服務、權利或事物。在更大的程度上，我的滿足感其實是來自這個討價還價的過程。大家還記得購買古董座鐘那對夫婦和我的五十四街奇蹟買到報紙的過程嗎？在這些例子中，過程本身才是實現需求獲得滿足的本質。

正是這種獨特性和過程本身來滿足需求，讓我們大家都會做出一些蠢事。各位觀察過冬天從熱帶地區渡假回來的旅客嗎？雖然只是離開兩個星期，現在就站在北溫帶機場排隊過關入境。但他們個個穿著夏威夷衫或夏威夷大花連身裙，拿著巨大的寬邊帽，有人還帶回鱷魚標本。每次看到他們那副德性，我就開始發笑。不過這時候，我也會想起我自己從墨西哥回國時還不是買了花披肩！

各位知道「賽拉普」（serape）嗎？就是墨西哥的傳統披肩，是一種花紋豔麗的羊毛毯。不過，這些花披肩其實大都是以高價賣給高緯度地區來的外國觀光客。

在告訴各位我怎麼買下它之前，讓我向大家提供一些故事背景與需求的看法。從我小時候，我可以誠實地說，我從來沒有想過要買花披肩。我從不夢想、從不渴望也從來就不想要一件花披肩。在我最狂最野最不可思議的幻想中，也沒想過自己披著花披肩。我原本可以在沒有花披肩的情況下渡過一生，然後回首來時路說道：「你們知道嗎，這就是我美好的一生。」既是如此，這種需求，這個我從來不知道自己有過的需求，又是如何發展出來，最後還得到滿足呢？

七年前，我跟太太一起去墨西哥城。我們四處走到處逛，她突然拉著我的手肘說：「你聽！我在那邊看到光！」（她就是這麼說話的，甭懷疑）

我嘟噥著說：「哦，不要！我不去那邊。那就是觀光客的噁爛商業區啊。我不是為此而來的。我來這裡是為了感受不同文化的風味……遇見意想不到的……接觸沒有遭到破壞的人性……體驗真實……穿梭體驗街上的擁擠人潮。你要是想沉迷在商業氣氛中，那就去吧。我回飯店等你。」

我太太跟過去一樣，絲毫不為所動而且獨立自主，就揮手道別自己去逛囉。我穿過人潮擁擠的街道，注意到遠處有一個真正的本地人。走近些時，我發現雖然天氣炎熱，他還是披著花披肩。實際上，他身上披了好幾件披肩，大聲喊著：「一千二百披索！」

「他在跟誰說呢？」我問自己：「當然不是我！首先，他怎麼知道我是觀光客呢？其次，我也沒有暗示他，就算是潛意識也沒表示我想買一件花披肩！」就我剛剛才說過，我從沒想過要買花披肩啊！

我稍稍加快腳步，盡量不理會他。「好吧，」他說：「我跳過一千披索，直接給個便宜價！八百披索。」

這時候，我直接與他說：「我的朋友，我當然尊重你的積極主動，又勤奮又堅持。可是我不想買花披肩。我不貪圖、不渴望也不夢想這件東西。你可以去別的地方推銷你的產品嗎？」我甚至半參雜著西班牙語對他說：「understando？明白嗎？」

「Sí，懂！」他回答，表示他完全理解。

我再次大步離開，又聽到身後傳來他的腳步聲。他還是跟著我，就好像我們被一條鍊子拴在一起，也一遍又一遍地說：「八百披索！」

我有點惱火，就開始慢跑，但花披肩小販腳步緊跟、大步向前。現在他嘴裡只嚷著六百披索。因為要過馬路，我們在街角停下，他還是一逕兒自說自話：「六百披索！……五百披索！……好吧，好吧，四百披索！」

當車子過了，我衝過馬路希望他不會跟上來。我還沒轉身查看，就又聽到他笨重的腳步聲和他的聲音：「先生，四百披索！」

到現在我全身熱得要命又冒汗，對他的堅持不懈既感惱火又覺得煩累。我上氣不接下氣地面對他，從半咬緊的牙縫裡吐出幾句話來：「該死！我剛剛就跟你說，我不想買花披肩啊。現在別跟著我囉！」

從我的態度和語氣，他大概是明白我的意思。

「好吧，算你贏了！」他回答說：「我這價格只給你，兩百披索。」

「你說什麼？」我大聲喊道，對自己的話感到驚訝。

「兩百披索！」他重覆。

「你拿一件花披肩讓我瞧瞧！」

我為什麼要看花披肩呢？我需要花披肩嗎？我想要花披肩嗎？我喜歡過花披肩嗎？沒有啊！從來沒有。但現在我也許改變主意了。

各位別忘了，這位當地的花披肩小販一開始是喊一千二百披索，現在只要兩百披索。其實我也不知道自己幹了什麼，但不知何故，價格已經被我殺掉一千披索啦。

當我們開始更正式的談判時，我從這個小販得知，墨西哥城歷史上最便宜的花披肩，是一個來自加拿大溫尼伯的觀光客買到。他花了一百七十五披索買到一件花披肩，他雖然是加拿大人，但他爸媽都是出生在瓜達拉哈拉（Guadalajara）。好喔，我現在花一百七十披索買到花披肩，就是為墨西哥城的花披肩創下新記錄，我會在慶祝建國兩百週年紀念時帶回美國！

那天其實很熱，我走路走得滿身大汗。雖然如此，我還是披著花披肩，感覺真是棒透啦！我稍稍調整披肩，讓它更加突顯我的體態，這條披肩雖然不是什麼非凡之物，當我漫步回到飯店時，還是欣賞了一下自己投射在玻璃櫥窗上的迷人英姿。

走進旅館房間時，我太太正躺在床上看雜誌，我得意洋洋地說：「嘿！看我得到什麼！」

「你得到什麼？」她問道。

「一件美麗的花披肩！」

「你花多少錢買的？」她漫不經心地問道。

「讓我這麼說吧！」我自信滿滿地說：「一位本地談判代表開價一千二百披索，但週末偶爾跟你待在一起的國際談判代表花一百七十披索就買到啦。」

她咧嘴一笑：「哎呀，這真的很有趣。因為我花一百五十披索買了一件一模一樣的。就在衣櫥裡。」

俺臉色一沉，快步上前檢視衣櫥，取下那件披肩，坐下來思考這到底是怎麼回事。為什麼我真的買下那件花披肩呢？我需要花披肩嗎？我想要花披肩嗎？我喜歡過花披肩嗎？都沒有。我認為沒有。但在墨西哥城的街頭，我遇上的其實不是小販，而是國際心理談判師。這個人建立一個過程讓我滿足特定需求。可以肯定的是，他滿足了我自己甚至都不知道的需求。

顯然我不只是在說花披肩，各位在自家衣櫥或置物架的某個地方，或許也買過像我的花披肩那樣的東西。你們應該都懂我的意思吧：像什麼香港製造的加拿大騎警隊瓷器、茂宜島手工採集普卡貝殼串珠、真正的原住民祖尼戒指、比斯比西部開採的綠松石、閃閃發亮的鮑魚殼、在博卡拉頓沖上沙灘的西班牙達博隆金幣，或是正港的富國銀行皮帶老扣環。

我認為這些東西其實都是一種「花披肩」，我認識的每一個人幾乎都有一個。各位想想自己買過「花披肩」。是東西本身滿足你的需求，還是那個過程呢？

其實我的意思很簡單。各位要是能夠認知到每個人都是獨一無二，而且可以調和需求，那麼大家都能夠得到自己想要的東西。同時永遠不要忘記，大多數需求都可以透過你的行動和行為來滿足。彼此互相滿足才是我們的目標和實現方式——協調合作的雙贏談判。

## 〔談判提醒〕

- 互信是合作雙贏談判的主要動力。
- 在衝突正式出現之前，就搶先想辦法影響對方態度最是有效。
- 利用談判前的過程階段，好好分析和判斷各種分歧的潛在原因。
- 把你希望說服的人當成是眾人包圍的核心，先爭取到對方周圍眾人的支持，你就能影響核心的位置和移動。
- 對於想法反對者，雙方儘管一開始觀點不同，但還是可以發揮創意來解決問題。
- 防止內在反對者，你要做的是：永遠不要忘記態度的力量，也永遠不要評判他人的行為和動機。

- 如果我們持續與對方關係，從一開始就應該努力尋找不僅是可以接受，而且要讓雙方都感到滿意的解決方案。
- 在談判中獲勝並不代表需要有人輸。彼此互相滿足，才是我們的目標和實現方式——協調合作的雙贏談判。

# PART 4 任何事情、任何地點都可以談判

懂得掌握自己手中
決定的權力
才是自由的

——薩爾瓦多・德・馬達里亞加（Salvador de Madariaga）

## 10

# 電話談判和協議備忘錄

電話是現代生活重要的通話聯繫工具。在日常生活中，我們使用電話的頻率說不定比使用刀、叉或湯匙的頻率還高。電話的外形也很吸引人，摸起來光滑結實。拿在手上輕鬆方便，看起來毫無害處。真的毫無害處嗎？才不是！電話會引發嚴重誤解（「我不知道你原來是這個意思！」），也可以用來作為欺騙工具（「我還你錢的支票已經寄過去囉！」），但它確實具備強大的經濟力量，根據你對於電話使用的理解或誤解，有可能帶來幾百萬美元的獲利，也可以造成幾百萬美元的損失。

最重要的是，電話會讓大家注意。當電話鈴聲不斷響起，總會召喚出我們的本能思考：「誰要找我？」就算是原本想自殺的人一聽到電話鈴響，也會先接電話，其他的事以後再說。

然而，儘管電話很重要，還是沒什麼人花時間研究電話在談判中所扮演的獨特角色。現在讓我們來分析一下這種全民活動。

# 電話談判的特點

## 1. 更多的誤解

由於缺乏視覺感官的回饋，我們在講電話時比面對面溝通更容易產生誤解。透過電話與某人交談，我們看不到對方的臉部表情和行為線索；而對於說話音調的解讀，也常常出現錯誤。其實遭到「誤讀」的不只是音調而已，有些影射和隱含的意思也會因此漏掉，或者被過度解讀而無中生有。

## 2. 更容易說「不」

在電話上說「不」可是輕鬆簡單無負擔。比方說，我現在撥電話過去，禮貌地說：「如果你不介意的話，我希望你可以……」

我話還沒說完，你也許就乾淨俐落地拒絕：「不行，我現在非常忙。無論如何，謝謝你打電話來。」卡喳，掛電話。因為我們不是面對面，所以你可以不費吹灰之力就能拒絕我。

要是我當面見你，你就沒那麼容易擺脫我。我走進你辦公室，也許還大聲喘氣：「拜託……我走了好長一段路！喔，這趟行程真夠瞧的！」

我站在那兒滿頭大汗，眼中噙淚，拜託你同情一下。這時候你要拒絕我可就不容易。

對我大老遠跑這一趟，你也許感到內疚，或者擔心我的身體和心理狀況。你自然是想妥妥當當地解決這件事，避免留下怨言。綜合考量之後，你同意我要求的可能性就很大。

無論是在什麼時候，當我們有想法、提議或請求，而必須改變當前事務處理方式時，都需要進行口頭陳述或簡報。像是各種文件、信函和電話等等，在這樣的會議之前和之後可能都會派上用場，但這些間接的接觸本身欠缺說服力。

這個意思很簡單：如果你真的想得到你想要的東西，那你就得親自到場。

## 3. 更快速

電話談判向來比當面交涉占時更短。這是事實，因為面對面的會議耗時多久，必定與投入的時間、差旅過程和投入費用相當。

假設你的孩子在學校遇到一些困難。如果打電話詢問相關老師，電話交談可能只要五到十分鐘。但如果你從繁忙日程中抽出時間親自往學校跑一趟，雙方討論的時間說不定會延長到三十分鐘到一個小時。

## 4. 更偏向競爭態勢

由於電話交易的時間相對較短，通常沒有足夠的時間來分享資訊和經驗，並探討如何滿足雙方需求。這個現實情況與電話聯繫的本質相結合，造成電話交談時傾向非贏即輸的競爭行為氛圍。

我們的電話交談往往人情味寡淡，通常變得更直截了當。此時的談話不是自然收發，且討論焦點在於管理規則與程序。這個結果就是，比較強勢的一方會占上風。

理論上來說，我們如果是有競爭力的談判者，擁有更大力量，那麼透過電話解決紛爭確實較為有利。堅持用這種方式來談判，正是以對方為代價來爭取勝利的策略之一。

因此，各位應該不會覺得奇怪，在這種情況下，我反而希望大家進行面對面的談判。這時候你看到的我，不是一般規則上的統計例外，而是有血有肉的一個人。當談判者真正看見對手方，大家正常地打招呼、問好、點頭、微笑甚至抓頭的溝通交流，往往可以淡化敵意。此時的討論會更自由，時間壓力也更小，獲得雙贏互利結果的機會也更大。

在進一步深入討論之前，讓我簡單說說，讓人感到沮喪的艱難談判。大家大概也都知道，電話公司就是個可怕的對手。

你收到每月結算的電話帳單，就打電話到電話公司營業部，詢問帳單上那筆打到馬來西亞吉隆坡的電話，收取七十二美元的異常費用。也許你是孤單寂寞一個人獨自生活，沒有朋友，沒結過婚，在公立學校地理課也不及格，你說這通電話不是你打的。

雖然你想解釋這筆不正常項目，卻遇到一個不動如山的對象，他是一位主管，他的聲音和自信讓你想起變裝打扮的麥克阿瑟將軍。經過無數次的電話交談，就算是無辜者也只好投降認輸。大致上來說，這種情況下談判不成功的原因，正是本章要討論的主題。基本上，這時候的你是在跟一個名叫「幸運」的發牌高手玩撲克，這套遊戲是他發明的，而且你正在玩的也是他的撲克牌。

## 5. 更大的風險

就其特質而言，透過電話進行談判，通常比親自會面更快也更具競爭力。因此，這樣的談判很容易產生贏家和輸家。

這些觀察中隱含一條大家要記住的公理：不管是什麼類型的談判，快速就是代表風險。

一旦發生衝突，不論是透過電話或者親身面對面解決，操之過急都會讓某一方處於潛在危險之中。

快速清算中誰要承擔風險？準備不足且無法確定權益的一方。比方說，根據我的資料和觀察，我無法確定你的提議是否公平，因此我必須完全依賴你的陳述。你如果是真誠、實在又坦率，我會因為相信你的正直而受益。但萬一你的公正、公道和正派作風都是虛有其表呢？萬一那些溫言軟語之下其實是「蘇聯風格的騙子」呢？這樣的話，我必定要被痛宰和羞辱。

因此，萬一自己準備不足，無法驗證對手方所做的陳述，也沒有過去的交易可資採信做根據來信任對方，一般規則就是「等待」。貿然跳進泥水坑，只會讓水坑更加泥濘混濁。靜靜地觀察，讓它有時間沉澱下來，我們才能看清底部，知道自己正在進入什麼狀況。更有耐心和毅力堅持的談判者，通常也比較能取得成功。

因此，如果是單一買賣就完成的交易，而你處於無法確定權益優劣的狀況，此時應該放慢速度、拖延時間。當我們不知道該做什麼才好時，最好的辦法就是什麼都不做，靜觀其變。只有在對自己有利時才採取行動，這才是明智之舉；萬一行動只對對方有利，那就更應該避免採取行動。各位請記住，力量均勢不會永遠不變；時間的流逝會讓你的談判籌碼逐漸增加。

也有些談判者催促大家趕快採取行動。假設我做的準備比你更好，或者，至少根據我的資料和觀察可以確定協議會滿足我方需求。如果我不必依賴你的陳述，甚至不需要你的誠信與否，顯然在這種情況下，我會要求「趕快行動」，如此也不會招來任何不必要的風險。

## 6. 來電者的優勢

打電話的原因有很多，有時候甚至毫無理由。儘管如此，大多數沙場老將都知道，電話也是談判時的攻防武器。有效率的談判者不會讓它「順其自然」，而是事先推理預期自己作為或不作為有何影響。

在任何電話交談中，撥打電話的人（即來電者）都處於優勢地位。意外接到電話的人（即接收者）則相對不利。

首先，假設我們正在進行一場漫長而單調的談判。你覺得這件事一直被擱置一旁，懸而未決。沒想到我「突然」打了個電話，提出一個可以解決問題的建議。我這是一時衝動還是有備而來？

這通電話很可能不是一時衝動就打來的。在打電話之前，我大概就仔細比較過幾個可用的選項，例如：面對面交談、信件、電報、透過第三方中介、打電話或不動作。在這個特定時刻我選擇了打電話，按理說應該就是打電話最符合我的目標。

我當然會做充分的準備。先找一個安靜的地方，不受旁務干擾。在我面前擺滿十二支削尖的鉛筆和六張白紙。我的右手邊備有一台計算機，身後還有一台可以即時查看資料的電腦。我已經設定目標、策略和戰術。另外，我也猜想你可能提出的反對意見，並事先備好答案和反駁的事實證據。現在我當然躍躍欲試，直想奔殺過去！

現在，我們來看看你的窘境。被這通突然打來的電話嚇一跳，你根本沒有準備。你甚至不得不費力地翻開辦公桌上一堆文件才找到電話。你是有些參考資料，但現在全都不在手邊。在我們通話的時候，你屢屢被帶著問題走近的人或電話機上閃爍的亮燈分散注意力。更糟糕的是，你一時之間找不到祕書、找不到文件，甚至連枝鉛筆或鋼筆都找不到！

在這種情況下，你與我電話交談是冒著極大風險。因為我準備得更周全，所以你得聽我的論點和計算。如果我是公正無私的大好人，我會給你正義和憐憫。如果我是個蘇聯派，你就等著被吃乾抹淨吧！

儘管我已經詳細說明問題和缺點，但我們還是會參與很多電話談判。我說的不只是那些朝九晚五的工作電話，還有安排團體野餐、與家人朋友聯絡維持關係、與電話推銷員打交道或安排結婚計畫等等，有過經驗的人都知道我在說什麼。事實上要辦場婚禮，就像策劃諾曼地登陸一樣，事情多得跟牛毛一樣。

我們會透過電話跟各種人談判，從完全陌生的人到親人家人都有。或者就算是談判「現場」不在電話上（事實上是經常發生），整個過程階段也跟電話有關。換句話說，不管達成交易是透過電話或面對面，我們都可以利用電話進行初步操作。各位既然常常要使用電話，就要特別注意讓它為你服務，而不是帶來不利的後果。

以下是一些可以輕鬆做到的建議，幫助各位取得成功：

## 1. 主動打電話過去，而不是消極被動地接電話

在意識到可能演變成敵對狀態時，要成為主動打電話的一方。要是對手打過來而你還沒準備好，你可以如此推拖：「對不起，我現在有個重要會議要參加。我已經遲到了。什麼時候回你電話比較方便？」

看吧，你要是說出類似的話：「我現在時程安排上有別的事情，我會再給你回電話！」如此一來，發球權就到你手上啦。你可以做足準備再回他電話，這時候你就是主動出擊的一方。

## 2. 計畫與準備

在你採取行動之前，先仔細考慮自己想要的結果，確保運用電話才是獲得該結果的最佳方式。先決定好你希望對方回答「是」或「否」。先前我們曾指出，透過電話獲得否定比獲得肯定更容易。

有人曾經說：「如果你不先做計畫，你就是在計畫失敗。」在以電話通話時，始終要去思考你希望透過這次通話實現的具體目標或目的。正如《古蘭經》所說：「要是你自己不知道要去哪裡，隨便哪條路都會讓你到達某個地方。」的確，要是連你自己都不知道要去哪裡，你永遠不會迷路啊。到最後，要是你還是不知道自己要去哪兒，就算你真的到達某處，你也不知道自己就在那裡！

要注意的重點是，你作為主動打電話的人，要先做計畫，為你想要的結果預做準備。請參考以下「電話談判的技巧」：

a、準備一份清單，列出通話期間要涵蓋的重點。

b、在腦海中模擬談判或交易對話。

c、遇到對手時，預想對方的戰術。搶先獲得警報，就是先做好武裝。

d、盡量準備好所有相關事實再打電話。

e、我們雖然做好十足準備，還是可能會對突然出現的話題或詢問感到意外。這時候承認自己不懂也沒什麼好丟臉的。

f、全神貫注打電話，避免分心。不要一心多用像在耍雜技（有些人可以邊聊天邊做事。）

g、如果是跟事實和數據資料有關，要把所有參考資料和計算機放在伸手可及之處。

h、在電話的最後，要總結商討內容，及確定後續行動的雙方責任。

## 3. 優雅地掛斷電話

要是討論朝向對你不利的方向發展，請一定要先準備好掛斷電話的藉口。擅於長篇大論的來電者或蘇聯派滑頭也許不肯讓你優雅地退出，你還是可以選擇掛斷電話。各位請注意，我絕不是建議你在對方說話時直接掛斷電話，這是非常無禮的行為，而且在社交上不可接受。我說的是你在說話時突然掛斷電話。要怎麼樣掛斷電話又不讓對方起疑呢？很簡單。比方說：「嗨！很高興你打來電話。你知道，我昨天剛好想到你……」話說到一半就切電話。

對方永遠不會以為是你掛了自己的電話，他會以為是電話線路出問題！

那麼對方會有何反應呢？他會再打過來。當他打過來時，要是在辦公室，那你就剛好走出去，要是在家就暫時不接聽（例如「我剛剛去車庫拿點東西」之類的）。這是爭取時間讓你有所準備，才不會受到意外來電者的擺布。

## 4. 訓練自己傾聽

有效的傾聽不只是聽到所傳達的詞語內容，而且要從中找出意義和理解。畢竟：「意義不在於字面上，而在於人。」

我們在說話時顯然不能專注地聽，所以對自己的「聽／說」比例要特別注意。各位可以考慮運用別有意味的停頓。當你刻意停頓，靜下來不說話時，這是一個神奇的時刻。電話線路上出現長時間的沉默，尤其是在打長途電話時，對方可能會因為緊張或想到長途電話很貴不要浪費，就逼自己一定要說些什麼。這時候對方會用其他方式來重新陳述問題，從這裡頭你也許就能找到有價值的資訊。

## 5. 撰寫協議備忘錄

「那一刻的恐怖，」國王繼續說：「我永遠、永遠不會忘記！」

「如果不寫份備忘錄記下來，」王后說：「還是會忘記的！」

——路易斯・卡羅（Lewis Carroll）／英國作家

大致上來說，我也不會太鼓吹書面通信、備忘錄或做筆記。這種書面紀錄的狂熱，對我們社會的影響很大，所以大家才有忙不完的文書作業，忙到組織運作的大動脈都快嚴重阻塞。我個人覺得，大多數的書面文件其實根本不必要，要不然就是到底有什麼作用也是讓人難以理解。另外，要把發生過的事情通通寫下來也很花費時間，大多數人對此都會感到為難。

意識到做紀錄之難、之無聊，專業作家史蒂芬・里科（Stephen Leacock）曾說：「寫東西不難。拿起紙和筆，坐下來，把發生過的事情寫下來。寫作很簡單啦！難的是那些正在發生的事情。」

總之，一般原則是盡量避免用書面正式交流。當然我們有時候必須動筆，這時要記住：不管你在紙上寫了什麼，都要假設它有一天會在法庭上被公開宣讀。

這個「一般原則」的意思就是，也有例外。這個例外就是「協議備忘錄」，這是在解決衝突或爭議後撰寫的文件，闡述了構成和解基礎的雙方做出什麼承諾。

在完成重要的電話交易之後，請詳細寫下理解協商的書面文件。各位在電話上也要告知對方，你會這麼做。在任何重要的面對面協議之後，各位也要寫一份這樣的備忘錄。

我們的經驗可資證明，君子之約很有可能變得非常不君子。正如電影製片人山姆·高德溫（Sam Goldwyn）所言：「口頭協議的價值，連寫下協議的那張紙都比不上呢。」

協議備忘錄有時叫做「意向書」或「理解備忘錄」。但不管它叫什麼，目的都是一樣的：確定相關各方的承諾。這種備忘錄通常會用舊式文體書寫，好像過去那種用鵝毛筆寫的文件一樣。文件中有些制式詞語可能非常之聱牙詰屈兼生硬浮誇，以至於你可能會想像寫作者還穿著古人的賽璐珞立領和繫繩高統靴。文件中常常出現的文體樣式如以下這些例子：

「據吾人等於某月某日之對話，吾人等達成協議如下……」

「據吾人等之電話對話，得出結論如下……」

「關於某某某之情事……」

「基此確認吾人等之電話交談……」

其實文體格式並不重要，重要的是把它寫下來。為什麼要各位承擔這個重任呢？因為它對我們有巨大的好處。

對記錄者有什麼好處呢？

a. 主動權操之在我。我們可以決定什麼時候寫備忘錄，採取什麼形式，什麼時候發送給對方。在我們動筆讓它出現之前，什麼都不會發生！

b. 這份協議會以我們的方式來表達。對於協議內容的解讀如果有任何疑問，我們總是會詢問撰寫文件的人。例如，要是在書桌抽屜後面發現美國「憲法之父」詹姆斯．麥迪遜（James Madison）寫的關於校車種族問題或墮胎權利的信件，後來那些紛爭就可以很快得到解決啦。畢竟，誰會比條文起草作者更清楚應該怎麼解釋憲法？

讓我們把焦點從電話轉移到當面交易。假設我是你的對手，坐在長方形會議桌的對面。談判會議一天又一天地進行著。

我有做筆記嗎？沒有。就像許多企業高層管理人員一樣，我以為自己擁有像攝影機一樣靈光的頭腦。不過，你在做筆記嗎？你當然要做筆記。為什麼呢？因為這麼做可以讓你對我具備優勢和影響力。

談到第三天之後，我中場休息時生氣地問你：「你為什麼要做這麼多筆記呢？你又不是法庭記錄員！我們擬定的合議內容，已經像帳篷一樣涵蓋各方面了！」

你微笑地聳聳肩，嘟噥說如果不把馬上寫下來，就記不住任何東西。

到了第五天，原來我的攝影機頭腦不如想像的那麼靈光。在另一次中場休息時，我把你拉到一邊問說：「快告訴我，我們對合約的三個新附加條款說什麼？我記不太清楚，尤其是週二我們又添加兩個附加條款。恐怕我都搞胡塗啦！」

我不耐煩地用腳打拍子，你正在翻閱筆記：「三個新附加條款在這裡……是星期三下午兩點擬定的。」

我正在研究你的龍飛鳳舞，對你的字跡皺眉頭：「我看不懂你的筆記！」

你像戰鬥機飛行員回顧戰績那樣回答說：「附錄是XXX、YYY和ZZZ。」

我做個鬼臉：「我在那一頁上只看懂兩個黑點、一個米字號，還有一顆星星！」

你像個唱詩班的好孩子一樣回答說：「那些記號就是這個意思嘛！」

我對你突然間充滿敬畏，你現在擁有相當大的力量。誰能比鬼畫符的本人更能詮釋鬼畫符呢？

c. 你一開始就知道要寫協議備忘錄，你就會更專注聆聽，而且記下更完整的筆記。真的，你會更專心，也會更加自律。

d. 你的備忘錄會成為未來任何可能修訂的架構，設定及確立討論範圍。

在此舉例說明。假設你跟我完成一次電話交易。你同意讓我寫意向書，但沒有注意到你這個決定會有影響。我寫好備忘錄，發送給你一份副本。

兩天後你打電話給我：「嗨！請稍待。我收到了你的備忘錄，你漏掉A項。」

「A項？」我無辜地回答。

「是啊，」你繼續說：「還記得A項嗎？」

我有點困惑地回答：「哦……A項。我好像記得你簡單提過。」

你堅稱：「嗯，你為什麼沒把它記下來呢？」

我反駁說：「我認為這沒那麼重要。畢竟你後來都沒再說了。」

你清清嗓子：「我後來沒再提到，是因為你好像也同意了嘛。」

我停頓一下，似乎你在對我施壓，好像你要求太多了。然後我說：「你真的要列進那一項嗎？」

你回答：「是啊，我真的想把它列入。」

我再次停頓，又說：「那好吧，我們先暫時達成理解，算是把它列入，雖然現在還沒寫上去？」

你生氣地說：「不行！我要先列進去！」

為什麼這時候對於A項，我會讓你火大呢？如果我是協調合作的談判者，A

項怎麼會先排除在外？我們在撰寫紀錄時，一定會做一些選擇。否則，整個協議大概會跟小說《戰爭與和平》一樣厚重。所以由我方來寫協議，其中的任何取捨恐怕就是由對方來承擔不利後果。我選擇寫進去的，必定是對我來說很重要的項目。但要讀懂對手的心思很難。而且請記住，你在談判中幾乎沒再提到項目A。

最後我還是給你項目A。不過請注意，對於這一點我認為已經對你做出讓步，現在我期待獲得回報。另外，在竭力爭取項目A經過如此風波之後，你對於也被我排除在外的項目B，也許就會對要不要繼續爭取感到猶豫。所以你現在的態度會是：「好兄弟！我不想再經歷那麼多麻煩啦！」

於是，書寫者的力量再次占上風。

e. 因為是你費心做紀錄，對方很感激。他們不會氣量狹小，也不會碰上小問題就大作文章，蓄意狡辯。就算你的紀錄有一些小瑕疵，大多數人都會諒解，不會太過吹毛求疵。

最後，讓我引用心理醫師艾倫・埃森史達（Ellen Eisenstadt）的精闢評論來總結這一章。當她的老闆拍拍她的背，含糊地承諾未來機會時，她說：「用筆寫下，比拍肩和承諾更有力量。」

**〔談判提醒〕**

- ✓ 我們如果是有競爭力的談判者，擁有更大力量，那麼透過電話解決紛爭確實較為有利。
- ✓ 面對面的談判，往往可以淡化敵意，討論會更自由，時間壓力也更小，獲得雙贏互利結果的機會也更大。
- ✓ 電話談判的特點
  - 更多的誤解（容易產生誤解或漏掉隱藏訊息）
  - 更容易說「不」（如果你真的想得到你想要的東西，那你就得親自到場）

- 更快速（一通電話可能只要五到十分鐘）
- 更偏向競爭態勢（傾向非贏即輸的競爭行為氛圍）
- 更大的風險（操之過急都會讓某一方處於潛在危險之中）
- 來電者的優勢（打電話的人通常是有備而來的一方）

### 電話談判成功Tips

1. 主動打電話過去，而不是消極被動地接電話。
2. 計畫與準備。
3. 優雅地掛斷電話。
4. 訓練自己傾聽。
5. 撰寫協議備忘錄。

# 11 升高層級

有事我會問風琴手
幹嘛要問那隻猴子？[1]
——安奈林・貝文（Aneurin Bevan）／英國政治家

會吵的孩子真的有糖吃嗎？沒錯，如果知道該怎麼要糖吃。面對龐大又沒有人情味的官僚機構，我們可能都很不滿。這時候我建議：

1. 打電話到該組織離你最近的辦公室。請教與你對話者的全名及職稱。用大白話簡單解釋你的問題，他們才幫得上忙。尋求協助之後，獲得口頭承諾，但採取補救措施還要花一點時間。

2. 打完電話後再寫一封親切的信，提醒與你對談的人，你對他們的信賴。

3. 在採取行動日期到來之前，給你那個「朋友」打電話，看看他們的個人努力有沒有進展。如果這樣還沒讓他們動起來的話……

4. 親自拜訪最近的辦公室。要保持恭敬有禮，去見見你那位「朋友」，但一定要讓其他人也知道這裡發生不公正的狀況。也要向其他人請求協助，讓他們感到有義務幫助你，找到公平的解決方案。

如果經過上述步驟，結果還是不盡如人意時，該怎麼辦？**再升高一級！**每個組織都是一個階級結構。我們就一步步往上爬，爬到讓你覺得滿意為止。你爬得愈高，你的需求就愈有可能獲得滿足。

怎麼說呢？有幾個原因。更高層的人明白，一般規則永遠難以涵蓋所有特定狀況。他們對整個大局更了解，也能夠想像某些事情處理不當可能導致的後果。更重要的是，他們擁有更大的權力，而且他們領這份薪水就是要承擔風險做決策。

---

**譯註1** 風琴手和猴子是指過去歐美地區的街頭表演藝人。這種組合團體有一人彈奏手風琴，並攜帶訓練過的猴子表演雜耍或擔任助手。

不管面對任何層級，盡量不要跟沒權力的人談判，除非你反正就是想殺時間。各位如果在考慮跟某人交涉互動，要先問自己：這個人是誰？他跟哪些人有往來交涉經歷？他在組織結構圖上占有哪個位置？他實際上可以做出哪些決定？他有沒有任何真正的影響力？

當你確定所有問題都有合理答案後，可以禮貌而直接地詢問對方：「你能解決這個問題嗎？」或「你能幫我解決這個問題嗎？」或「你有權力即時採取我想要的那些行動嗎？」如果答案是否定，還是另請高明吧！

當然，也沒有人擁有絕對的權威，因此不要如此指望。對於擁有中上層級權力的人，特別是在官僚機構，我們可以期望的就是，若與他達成協議，這一位會盡其所能去執行。如果牽涉到他的正直與原則問題，他更會努力兌現承諾，為你挺身而出。

以色列前總理比金最後同意接受中東和平方案時，他對卡特總統說了類似的話：「我雖然不能現在就代表國家做出明確承諾，但我保證，如果以色列國會不批准協議，我就辭職表示負責。」對方能夠做到這樣也盡夠了！

以下給各位舉五個例子，拿到糖吃是因為升高權威職級才如願。在這五個例子中，各位都是假想中會吵的孩子。

## 升高層級案例①

受到大雷雨影響，你預訂乘坐的航班停飛，所以你在午夜前四十分鐘才趕到旅館。此時你的西裝又濕又皺，鞋子全濕，腸胃不適，全身疲憊不堪。

你已經累到連牙齒都覺得好累。你急急忙忙要快點進去有預訂保證的那個單人套房睡大覺。真是感謝老天啊！還好有預訂保留套房。

櫃台服務生看你一眼，然後用金屬般無感情的聲音平淡說道：「是的，你的預訂確保了，但我們現在沒有房間。今天的預訂不小心超額了。這偶爾會發生一次。」

這時候你該怎麼辦？馬上把你的手提箱放在地毯上，並且提醒自己，在這時候的櫃台人員，基本上是一台反應迅速但不做思考的機器。他的行為就像按照程式動作的機器人或電腦，他給你的訊息只是飯店上司直接餵給他的。他們告訴他說現在已經沒有空房。所以他像隻鸚鵡一樣，也告訴你現在沒有空房。因為他沒有想過這家飯店能有什麼選擇，因此要不要幫他解決他們的問題，就看你囉。

你透過思考後找出幾種可能：飯店也許還有套房可以給你；它可以在某個會議室放一張床；它也許能讓你使用某間套房的客廳部分；要是你隔天一早就會離開，也許還是可以騰出一間套房。

你的開場白說：「喔……總有套房吧？如果別的房間都有人住，總督套房如何？我知道你們還有會客室、會議室。你們的宣傳小冊子上都有廣告嘛！你能不能在會客室或會議室裡放張床呢？」

櫃台猶豫了：「欸，不行。我們不能那樣做。要不要我幫你介紹別的飯店？」

你回答說：「我不想再去別家飯店。我好累，我要睡覺！就像老歌唱的：『我現在就想上床睡覺。』請讓我跟你們的總經理談一談。」（你當然知道這麼晚了，總經理不會還在上班啊，但你要讓櫃台人員知道你的決心）

櫃台人員扮了個鬼臉，拿起一具特別的電話機，對著話筒嘟噥幾句。結果夜班經理正如所料地出現啦。你又問他關於套房、會議室和其他可用選項的問題。

夜班經理皺著眉頭查看房間圖，抬頭看了看：「我們正好還有一間套房正在重新裝潢。不過價格是單人房的兩倍。」

你不動聲色還是堅定地說：「不應該再多收我一分錢啊，因為我的預訂已經受到保證！」

夜班經理嘆了口氣，然後說：「嗯……你要不要？」

你回答說：「我要這間房……價格我們明天再談。」

第二天早上，你來到櫃台前準備結帳，你收到帳單。果然是你預期支付價格的兩倍。現在你要求見總經理。你有自信嗎？有喔。現在你知道你已經坐在駕駛座上，反正服務已經提供了嘛（服務一旦已經提供，就一定不像之前那麼有價值）。你向總經理投訴，飯店未能遵守預訂政策，讓你非常驚訝。聽完他的解釋之後，你們現在開始討論超收的房價。

有九五％的機會，總經理會為計費錯誤向你道歉。他會讓你支付單人套房的價格。他很清楚，要不是飯店自己粗心大意，這個房價問題根本就不會出現。而且長遠來看，他知道公平處理這件事也是值得的。

讓我提供各位一個類似狀況的親身經歷。兩年前，我在曼哈頓某飯店也是獲得保證預訂。那天我搭計程車去飯店時已是深夜，結果還沒到門口，司機就說：「我們必須在這個轉角停車，前面街道封鎖了。看起來像是警方設了路障。」

「哦，這下可好。」我嘟噥著，付錢下車。我拎著旅行箱，擠過一大堆的警察、新聞攝影師、目瞪口呆的圍觀群眾、電視轉播小組和一些報社記者。

「嗨！發生什麼事？」我走到飯店華麗入口後問門衛。

他手指上頭：「十一樓有個傢伙要跳樓啊。就這事！」

「哎呀，這真是太糟糕了！」我說，想到有人會摔在人行道上，就讓我覺得沮喪。我穿過旋轉門，走到登記櫃台。「我叫科恩，」我說：「賀伯．科恩，我有預訂保證。」

櫃台人員輕聲細語地說：「是的，科恩先生你有……但是我們現在沒有房間。」

換我做個鬼臉：「你說什麼，沒有房間？」

「對不起！」櫃台說：「但我們都客滿了。你知道這狀況吧。」

「不！我不知道這是什麼狀況！」我反駁道：「你們一定有房間！」

「我問問其他飯店，」他建議說，伸手去拿一部電話機。

「慢著！」我打斷他的話：「你們有房間啊！十一樓那個人你知道吧？把外面搞得吵吵鬧鬧那個？他要退房啊！」

後來嗎？那傢伙最後沒有跳樓，由警方護送到另一家機構進行精神病檢查。我就拿到他那個空房。

我還有另一個親身經歷。一九七八年冬天，我飛到墨西哥城為當地商人舉辦談判研討會。

我在一家豪華飯店預訂房間。不幸的是這家飯店也無法兌現承諾。櫃台人員宣稱客房都滿了。因為一場暴風雪，飛往美國中西部的航班都取消了，原本要退房的客人顯然都繼續留宿。

我跟櫃台交涉毫無進展，主要是因為語言問題，所以我要求見經理。我點了根雪茄，一隻胳臂架在大理石櫃台上，問那個經理說：「要是墨西哥總統來了呢？你有房間給他嗎？」

「有啊，先生……。」

我朝天花板吐了個煙圈：「嗯，現在他不來，我去住他的房間吧！」

所以我找到房間了嗎？當然！但我必須跟飯店保證，萬一總統真的來了，這間房要馬上空出來。

## 升高層級案例②

你帶女兒為她的高中畢業舞會選購晚禮服，她找到一套讓她從頭興奮到腳底的衣服。你買了禮服帶回家，女兒卻不幸罹患嚴重腸胃炎。她眼睛含淚，在床頭打電話給舞會男伴，說她必須取消邀約。

「那件晚禮服呢？」你問道。這時候問這句話顯得時機不對，也太不知道事態的輕重緩急。

「請把它退回去！」她抽泣著，臉埋在枕頭裡：「我再也不想看到它。我討厭它！」

於是你把晚禮服退回服裝店。

「我感到很遺憾！」店員低聲說：「但我們貨品售出，概不退換。」

「這件衣服她根本沒穿過！」你抗議說：「價格牌還在衣上呢！」

這時候你瞥一眼牆上的告示：**概不退換**（正當性的力量）。

「我要跟老闆談一談！」你說。

「她出去吃午飯。四十五分鐘才會回來。」

「我可以等。」你喃喃自語，坐在最近的椅子上（如果你不能從某人那裡得到滿足，就該越過那個人，向上升高層級）。

四十五分鐘後，店主回來了。你跟她一起待在她的辦公室。你說明一下情況：你女兒病了，而且禮服都沒穿過。

「我哪知道禮服有沒有穿過？」老闆問：「有些爸媽就會玩這種老花招。只是重新別上價格牌，再用濕布擦掉任何髒點！」

你向她展示銷售發票上的購買日期。你建議當著她的面給你的家庭醫生打電話，確認你女兒在舞會當晚生病在家。

「哎，好吧！」店主讓步說：「這次我們可以破例。我會叫店員取消禮服費用。」

看吧！什麼規則都有例外的。所謂的規則其實只適用一般狀況。在大多數狀況下，規則應該受到遵守，否則我們將生活在沒政府無秩序的狀態下。但我可以再給各位一個簡單的例子，這個例子說明，規則有時候也應該被打破。

現在你正坐在教堂聽布道。信眾安安靜靜，全神貫注聆聽神父的每一句話。這個教堂有一條規定：布道時間大家都不可以講話。說話違反禁忌。突然間你發現牆角有火花閃爍，推測是壁板後的電線走火。這時候你應該怎麼辦？如果你在任何狀況下都不違反規則，你有三種選擇：

1. 把焚香吹向神父做為警示。
2. 寫字條慢慢傳到講台：「教堂失火了！」

3. 一言不發地起身離開，因為沒規定禁止離開。

狀況的特殊與否，決定你違反合理規則時是否具備正當性。如果你不希望特殊情況還要受制於政策或法規，請準備好自行證明規則制定者從沒打算掩護你的獨特事實。

## 升高層級案例③

你盡責地在四月十五日午夜之前寄出聯邦稅單。像老鷹級童子軍一樣誠實地回答每個問題，毫無偽造或謊報。兩個月後，你收到國稅局發來的修正後制式信函，叫你在下週四上午十點整到國稅局當地辦事處，說稅款申報有些差異需要澄清解釋。

你緊張得胃直抽緊。愚蠢地幻想自己一定犯了什麼罪。

快自己動動腦子，不要太情緒化，讓你的胃放輕鬆。現在不會有人用著警棍毆打你！事實上還會受到誇張的尊重。你會得到「小心侍候」的待遇。

你帶著相關紀錄和已兌現支票，按指示在上午十點整到國稅局辦公室。你跟接待員報上名字，然後一瞥他的左肩身後。後頭是一排又一排的桌子，桌前都坐著一個人，配備有電子計算機、拍紙本、稅表冊，臉上嚴肅但親切。關於這些稅務審查人，各位請記住四件事：

1. 他們只是在從事一份工作……也沒有因此就賺很多錢。
2. 他們跟你一樣不喜歡納稅。輪到自己繳稅的時候，也會跟一般民眾一樣，捏造一些小事情。事實上，有些查稅員本身也會遭到審查。
3. 如果不是很有想像力，他們傾向於「照章辦事」，籠統的一般性思考，而不是針對個別特定狀況做回應。

而且最重要的是：

4. 雖然備有電子計算機，他們的審查仍是主觀和評價性的作業，這絕對不是客觀、嚴密且萬無一失。簡單地說，**你的解釋和評估跟他們的看法一樣有效力。**

各位若是對此懷疑，請想想每年大家最熟悉的案例，那些納稅人的稅表都經過八到十名審查員的審查。面對同一份稅表的「測試」，這些審查員是不是都得出相同的數字呢？並沒有。這些審查數字反而是讓人難以置信，幾乎可說是好笑的，各個不同。

在等待唱名的過程中，你仔細檢查自己的穿著，確保自己衣著無虞失度。

各位進入美國國稅局辦公室時，千萬不要穿高級時尚品牌，但也不要看起來像個流浪漢，或是像《GQ》雜誌或《哈潑時尚》的封面先生或封面女郎。你要讓跟你交涉的人感到自在、對你友好，前提就是讓他能夠認同你（這就是精明厲害律師的心理洞察力，這樣才不會遭到陪審團的排斥。有些人的頭髮稍長看來需要修剪；有些人鬍子不會刮得太乾淨；還有一些人會讓他們的鞋子稍稍有點髒）。

現在叫到你的名字啦，同時有位指定的審查員上前迎接你。這時候，而且是在整個交涉過程中，你的態度都是一貫的「幫幫我！」你要表現出個性化的一面，讓人覺得你通情達理、討人喜歡，是個友善的人。你喜歡爭論狡辯嗎？剛好相反！你的防禦心太重嗎？絕對不行！你在那裡必須採取合作的態度，冷靜到奶油在你嘴裡都不會融化。

審查員說：「我要跟你討論四件事：第一、你的慈善捐款；第二、你填寫的房屋折舊金額；第三、你的房產大幅擴建而增值；第四、你每季申報繳納的稅款金額。」

你清了清嗓子，也許比你預期的還硬。但有必要如此嗎？不用。冷靜一點就好。

審查員繼續說道：「你在申報表上填寫慈善捐款九百美元，我希望看看覈實文件。」

「沒問題！」你回答：「我這裡有已兌現支票，在這個信封裡。」

審查員翻閱支票，同時按著桌上的計算機：「這些總共只有三百六十美元，剩下的五百四十美元怎麼算出來的呢？」

你的回答真誠又迅速：「我每個星期天都虔誠地上教堂。每次都在募捐盤放十塊錢。」

「所以一年五十二次？」

「沒錯，總共五百美元。」

「那剩下的四十塊錢呢？」

你甚至懶得清嗓子：「那是買女童子軍餅乾，還有給小朋友的少棒聯盟募捐等等。也許我應該填六十美元才對。」

「喔……」審查員評論說：「真是讓人難以相信，沒有人這麼慷慨大方吧！」

你聳聳肩：「就是我啊。」

「我要在五百四十美元的數字旁打個問號。」審查員說。

現在各位注意這個情況。審查員並不能證明你星期天沒有樂捐十美元，或者沒有拿錢幫助陌生的小朋友。因此這完全是個判斷的問題，判斷怎樣才叫合理。關於判斷問題，國稅局不能說你「犯錯」。而且我們也一定還能上訴到更高層級。

雙方較勁仍然繼續。審查員說你的房屋折舊應該按照十二年為期限。你禮貌地表示不同意，重申這個金額是以八年為折舊期。你堅持看法，就像奔牛河（Bull Run）之役的石牆傑克森（Stonewall Jackson）一樣屹立不搖。美國國稅局能說你犯錯？不行。因為這也是個判斷問題，而且也可以上訴。

在用奇異筆潦草畫下第二個問號後，這位拘泥於文字的審查員像是一聲令下又繼續：「按照你所附上打字文件第四頁的說明，你的房產進行擴建，增值了兩千美元。」

「喔，不是的。你完全搞錯了。」你平靜地說：「那些不是擴建，是急需整修。那幢房子快塌啦。你應該去看看！我如果不趕快整修，那簡直就像個防水油布搭的木架棚屋！」

審查員苦笑，彷彿胃脹氣似的。即使是拘泥於文字的人也可以有幽默感。這也是一個判斷上的問題。因此又潦草地畫了一個問號。現在你有第三個重點可以上升層級。

不過在第四個爭論點上，你慘遭修理。你在納稅申報單上宣稱已按季繳納一千四百美元的稅款。但國稅局證實你只付了九百美元。你填錯數字是個失誤，這是個無心之過。你在深夜填寫表格，已經累得頭暈腦脹。對此，國稅局確實抓到你犯錯啦！這就不是判斷的問題，沒機會上訴。你必須補足五百美元的差額。

但是審查員如果在其他方面，諸如慈善捐款、房屋折舊和房產增值，不同意你的申報，又該怎麼辦？

答案很簡單。如果你確實是誠實申報，也相信自己並沒做錯，就開始升高層級進行上訴。首先跟國稅局的督察員預約。如果這一層級不能滿足你的要求，再向區域主任辦公室的成員預約上訴。要是這樣還是不能滿足你的要求，就把案件提交法院：美國稅務法院、美國索賠法院或美國地方法院。簡單一句話，就算涉及的金額不大，只要你願意，都可以上訴申冤。這是你的憲法權利，你可以依靠它們。要是你有膽量，就儘管運用這些權利。

跟國稅局談判必須注意的最後一點是：如果各種審查員和督察員要求你對各項申報拿出額外驗證，就好像你是個可以從帽子裡掏出小白兔的魔術師一樣，也不必隨之起舞。不必著急啦！儘管拖時間。告訴那些跟你交涉的人，你需要很長時間才能提供他們所需紀錄。各位爭取時間也利用時間，學會忍受不確定性，從長遠來看，這樣才會為你省錢。

各位請記住，是國稅局急著想結案。要跟你對戰，他們需要人力、時間和金錢。要是在你的案子上付出的努力只拿到很差的回報，他們也會知道這一點。所以大家儘管說：「看吧！我確定我沒錯，也許我們可以想出什麼辦法。」到最後，就算國稅局認為自己才是對的，也不會不願意就此類問題進行談判。你一旦升高層級，就會發現上層對你的觀點有更多理解。上層的人知道，健全的稅收管理對於那些金額微不足道的判斷問題，必須保持彈性。

## 升高層級案例④

你和朋友在距離居住城市六十英里處，租了一間鄉村別墅供週末避暑之用。當你在第一個週末到達時，發現小屋需要大肆整修：大門不能正常開閤、水管通道故障，還有很多線路需要注意，廚房爐灶更是重災區。幸運的是，你雙手靈巧；但不幸的是你沒有工具、零件，身上也沒有太多的錢。

你的同伴留下來打掃擦窗戶，你開車到附近城鎮的便利五金行。找了一小時總算找到所有需要的零件，以及正確安裝所需要的工具。你在貨架走道裡推來推去的購物車已經滿載。你把它推到結帳櫃檯，收銀員敲響總計八十四美元的款項。

「八十四美元！」你驚呼道：「太不可思議了！我得開支票。」

「對不起！」店員說：「本店不接受支票。」

現在我們先定格一下。為什麼這家五金行不接受支票呢？它以前也收過支票，卻因此學到教訓。以前收到的支票中，有三%跳票啦。因為這三%，讓業主採用新政策。他像小氣鬼史酷吉（Scrooge）一樣皺著眉頭對收銀員說：「永遠不要接受支票！」所以收銀員毫不考慮地遵守鐵律，沒有例外。

然後換你上場啦。「你們必須接受我的支票，」你說：「不然我租的小屋就住不了啦。」

「對不起！」店員一再說：「我的上頭有命令。」

「誰給你的命令？」你問。

「店主。」他回答。

「我想和他談一談。」你說。

店主出現了：「什麼事啊？」

「我需要買這些工具和零件，」你回答說：「但你的店員不接受支票。」

他盯著購物車：「這些總共多少？」

「八十四美元。」你回答。

「你沒有現金嗎？」他問。

「沒有。但我信用是一流的。我在城中區的國家銀行有存款啊。」

讓我們再次暫停。雖然商店有店規，但現在你是否處於談判的有利位置？是的。跟他們協商接受支票的最佳時機，就是在你使用商店的服務之後。店主現在盯著你購物車裡價值八十四美元的零件和工具。他在想：「喔，我的老天，這傢伙要是說『算了！』然後氣呼呼離開，我還得把所有這些東西一一歸位，放回貨架上。那要浪費好多時間！」

那麼，他會接受你的支票嗎？會。如果你向他出示適當的身分證明，然後告訴他你銀行的電話號碼，還有你上班公司的電話號碼。各位請記住：在大多數情況下，執行命令的部屬只是照本宣科，跟機器人一樣執行程式。所以對於任何有損利益的政策，我們要跳過機器人，直接升高層級展開投訴。不管商店有何政策，制定政策的人都可以破例通融。讓那些立法者有機會根據你的特殊狀況修改他們的政策。通常他們也會很感激有這樣的機會。

## 升高層級案例⑤

你上七年級的小兒子數學成績很差。也不是說他不聰明，他在英語科的成績就很好。只是數字化的東西，他好像就無法掌握。為什麼會這樣呢？因為數學老師叫他接受下課後的特別輔導，可是他還是不去參加，因此老師在同學面前讓他難看。現在他對數字有心理障礙。這已經夠糟糕了，但更糟的是這位老師要是不同意，你的兒子甚至還不能跟大家一起升上八年級。這男孩很敏感，萬一留級了會讓他精神崩潰。

你要怎麼談判，讓小孩順利升上八年級呢？顯然我是假設這樣的結果才公平，而且對相關各方也屬有利。最重要的是，你必須在數學老師送出不及格的成績紀錄之前，先跟他談上話才行。

要是校方已經登記成績，可以說就是大勢已定，幾乎無可更改囉。這是假設孩子願意跟你傾訴他的煩惱。我們都要跟自己的子女保持良好關係，一種相互信任的關係，建立在接受彼此缺點的基礎上。

親自去跟數學老師見面也很重要。這件事不能在電話上跟他談判。因為在電話上拒絕很容易；在電話上顯得不通融也很容易。如果是面對面的話，要拒絕或無理取鬧就另當別論囉。

你要私下找老師見面，這事不能公事公辦，而是要拚命地表現出個人化的情感。確保他的每一個神經末梢都能充分感知你和你的需求。要是這樣還沒有效，請立即上訴到學校層級中的更高一級。必要的話一直向上升級，直到你跟學校負責人一起密商。

一般來說，校長會比那位數學老師更能理解這種僵局。為什麼呢？因為校長是非常政治化的職位。校長認為你不只是個愛抱怨、憂心忡忡的家長，也是一個納稅人：一個可以在下次會議上向學校董事會發表談話的納稅人，或是聯合其他心有不滿的家長，一起發動群眾運動來減少學校預算。

想到種種後果和負面消息可能造成的公關危機，儘管可能性不是很大，校長也一樣會害怕。

那麼，你兒子可以升上八年級了嗎？是的，如果你動作快一點的話。在這種行政金字塔上，你爬得愈高，效果就愈好。那些在高海拔稀薄空氣過活的人，比金字塔底部更靈活也更務實。他們更願意改變所謂無可變動的規則。

關於「升高層級」，最後再說幾句。在規模較大的社區中，我們大都可以向各式各樣的人和團體尋求幫助，像是：商業協進會、產業公會、消費者團體、電視或報紙號召的公民運動，甚至直接找上民意代表。各位不須猶豫，需要幫忙就去找人幫忙！最後引用前美國副總統賀伯・韓佛瑞（Hubert Humphrey）的原則：「絕不放棄，也絕不屈服。」

**〔談判提醒〕**

- 每個組織都是一個階級結構。我們就一步步往上爬，爬到讓你覺得滿意為止。你爬得愈高，你的需求就愈有可能獲得滿足。
- 如果在考慮跟某人交涉互動，要先問自己：這個人是誰？他跟哪些人有往來交涉經歷？他在組織結構圖上占有哪個位置？他實際上可以做出哪些決定？他有沒有任何真正的影響力？
- 不須猶豫，需要幫忙就去找人幫忙！

# 12

# 從個人身分出發

展現力量，但不是暴力，
與良心對話，切忌懦弱；
最有效的行動是：
秉持良心，展現力量。
——芭芭拉・戴明（Barbara Deming）／美國女性主義者

在我們有生之年，整個世界的變革不斷地加快腳步，但問題也日益複雜多樣，甚至令專家都感到震驚。所有的組織都在成長，規模愈來愈大，也距離我們愈來愈遠。結果有些人覺得自己就像邊緣人，在茫茫人海中頓感自身渺小、無足輕重。這是冷漠與絕望的奇特組合。最恰當的比喻就是卡夫卡小說《城堡》中，在漫長隊伍裡庸碌無為、毫無個性的無名大眾。

我們就像是已經失去個人特徵，像是浩大統計普查中細微渺小的一分子，彷彿是世界大蟻丘中的一隻小小螞蟻。

但狀況並不總是這樣。你也許還記得有一段時間，就算是在大城市裡頭，我們走進住家附近的商店，老闆還能叫出我們的名字，歡迎我們的光臨。雖然這種經商方式可能已經不像現代商業模式那麼有效，但在某方面卻是讓人更滿意。

當然，我不是說大家都要「回到過去讓人激動的美好時光」；我只是在建議各位，如果想要進行有效的談判，千萬不能讓對手方把你看成是一個統計數字、一件東西、商品或商業物件。各位要是表現出自己是敏感脆弱卻獨一無二的「個人」，如此一來，反而更有可能得到你想要的結果。我們對於自己當然不會毫不在意，那麼我們之中又有多少人可以對別人無動於衷呢？大多數人在內心深處都知道，自己的幸福快樂，常常跟他人的幸福快樂息息相關。對於鄰居的任何輕蔑藐視，最後都會成為我們自己的傷害。

理論上，我們或許都知道「沒有人是一座孤島」，但是面對日常生活的壓力，我們常常忘記這種相互依存性。因此我們更有責任讓自己更像個人，表現出自己的個性，以免被視為非人格化的統計數字。在大數據中沒有一個又一個的個人，但我們每個人對於有血有肉的個人痛苦，幾乎都會表示同情。

美國開國元勳亞當斯（Samuel Adams），在美國革命爆發前的著名評論，也隱含這一事實。據說在波士頓大屠殺（Boston Massacre）的衝突策劃過程中，亞當斯曾說過這樣的話：「至少也要有三、四個人被殺，我們才有革命烈士。不過不應該超過二十個，如果超過這個數字就不是烈士，只有水溝會出問題。」

撇開亞當斯說得冷酷無情及其倫理意涵不談，他的說法可沒錯。如果要讓事件發揮最大的影響，相關人等的遭遇和處境必須讓大家能夠理解和認同。

第二次世界大戰結束後，我們都知道戰爭對人類犯下暴行的統計規模。但是對於納粹和成百上千萬的沉默大眾與被動同謀所犯下的絕對罪惡，卻是我們難以理解的。對一般人來說，那麼龐大的犧牲人數，也一樣難以理解。

然而，當時是一個十幾歲的猶太小女孩，她遺留下的日記，幫助大家理解過去發生的事件是多麼恐怖。小女孩在躲避納粹追捕的過程中，為自己的經歷和所思所感，留下生動而溫柔的紀錄。她的文字展現出少女的純真、樂觀與人性，讓所有讀者與之共鳴。這本書就是一九四七年出版的《安妮日記》（*Anne Frank: Diary of a Young Girl*），後來更改編成戲劇和電影，在各地上映演出，深深影響了全世界。

因此，為了讓談判者發揮最大影響力，我們不管是跟誰交涉，對於自己及整個狀況，都必須表現出個性化的一面。

什麼叫做個性化呢？就是讓對方把你看作是一個立體、有血有肉的獨特個體，你有自己的感情和需求，可以討人喜歡、受人關愛，總之，就是讓人覺得應該，或說是願意為你擔待、服侍於你。

那麼又要如何將個性化應用在談判上呢？答案很簡單。盡量不要以代表機構或組織的身分做談判，不管其規模大小，而是以自己的身分代表機構或組織去談判。

且讓我詳細深入說明。要堅定信守對那些無聊機構的承諾，只有少數人辦得到。因為它們枯燥乏味、死氣沉沉又抽象，讓人無法產生義務或關心的感覺。除非你是個建築師，否則誰會對一堆磚塊、玻璃、鋼材和混凝土感興趣。說起機構，感覺就是冰冰冷冷，了無生氣。這也是ＩＢＭ、聯合愛迪生（Con Edison）、奇異電子（ＧＥ）、貝爾系統（Ma Bell）、國稅局和其他抽象實體經常遭受攻擊的主因（典型的抨擊：「美孚石油〔Mobil Oil〕虧損十萬美元又怎樣？每股虧不到五毛錢！」）這就是為什麼以財團本身來談判時，常常被自己打敗的原因，像以下這些發言，顯然就常常讓他們受到冷遇：

「我們班森赫斯特商會希望你……」
「為了我們美國童子軍的利益，希望你……」
「密蘇里州路德教會要求各位……」
「關於財務償債能力，全國婦女組織要求你履行承諾。」

所以我們如果要代表新生兒缺陷基金會（March of Dimes）、加州政府、聯合勸募基金會（United Way）、當地婦女組織、紐約市交通管理局，或者任何機構組織，你想讓大家對這些非個人實體本身進行承諾（幾乎是不可能的），你該怎麼做呢？你要把這件事個性化，讓大家對你提供承諾。

我的意思是這樣的。假設你為某組織工作，正在進行談判，但雙方陷入膠著。各位要說服的是讓那個人關心你，而不是關心機構，或者說是機構中的你。我們可以這麼說：「我剛剛碰到某某人……但你不是答應過我，要這麼做嗎？我正指望你呢！我跟老闆保證，也跟我家人這麼說。我也跟審查員做保證。你不會讓我失望吧？」

要是對方問：「你該不會把這個當做是你個人的事吧？」你哀怨地回答：「我是啊！」

換句話說，就是「依靠」在對方身上。一定要讓他或她在情感上參與進來。你要是說：「如果你能幫我一個忙，我將感激不盡！」這樣的說法，大家就很難置身事外。這種簡單的用語，在個性化情境方面非常有效。要是我們也為自己設定義務，那麼在適當場合下，當然也要給予實物回報。

這就引導出下一個問題：我們要怎麼在談判中表現個性化？以下描述一些實際狀況。

## 案例①

假設你在速限三十五英里的地方，以每小時四十五英里的速度行駛。有輛警車躲在灌木叢後的車道上，它的測速雷達盯上你。接著警笛聲響起，警車無情地跟在你後頭。你把車停下，因為即將到來的不爽而喃喃自語。有位警察從巡邏車走下，緩緩朝你走來，手裡拿著罰單本子，那副反光太陽眼鏡後面的眼睛難以辨認。你現在像是妄想要防守天勾賈霸（Kareem Abdul-Jabbar）的哈比人一樣無助。也沒有什麼好方法保證可以讓你擺脫困境，但這種狀況下，我們還是能降低接到罰單的機會。

首先，要用一種不帶威脅的方式下車。擺出順從的態度迎接警察，就像是說：「我現在只能任你處置。」千萬不要呆坐在車裡，車窗還完全關上。從他的所知來說，你也許是個吸毒的人，或者是膝上正放把手槍的罪犯。現在有些警察就是這樣被一些瘋子槍殺致死。基本上，我們要先考慮警方的需求和顧慮，還有你自己的需求和顧慮。

當你交出駕駛執照時，這次遭遇的轉折點就會出現。在這個交涉的關鍵時刻，我們有三個目的：

1. 讓他把注意力從罰單上移開。
2. 讓他把你看做是具有個人特色的身分。
3. 防止或至少延遲他拿出原子筆開始寫罰單。

首先，你可以說：「天啊！我真高興找到你，警官，因為我迷路了！我一直在兜圈子！要怎麼去某某街呢？」

他可能會暫時忽略你的問題，迅速插話說：「你知道自己超速了嗎？」

但你可以把話題引導回來：「是啊，但我迷路了。我根本不知道自己在哪裡！」

警員通常會提供指示。在他回應你的同時，你要接著問許多不重要的問題，任何可以阻止他寫罰單的問題。他花五分鐘為你詳細指路，你也適當地表示感激之後，他會再回到攔車的主題：你的違規超速。

這時候，該談談他工作上的危險和困難，讓警官覺得自己很重要。我們要把自己描述成守法公民，只是一位剛好碰到問題的普通上班族。當他回到你的超速狀況時，你可以說：「哎呀！真對不起。我剛剛沒注意到……我只是在想……」現在就看你怎麼掰出一套獨特的個人困境。每個人都有一堆事情可以煩惱：老闆殘暴不仁啦、太太或先生生病啦、父母年邁又患關節炎啦、房貸壓力沉重啦、伴侶劈腿不忠啦，還是孩子表現令人失望等等等等。

想方設法讓他知道，任何可以影響他決定的事情。例如，你過去要是沒有違規紀錄，你可以說：「我開車十二年來，這是第一張罰單。我真不想讓它玷汙我引以為傲的紀錄！」對方很可能就會猶豫。警察也不想當第一個開你罰單的人。

不管你用什麼藉口，如果能顯得獨特、與眾不同，那就更好啦！各位請記住，這位執法的警官其實早就聽過各種藉口。要是你能別出心裁掰出更離奇、更有趣的故事，在他例行而單調的工作中，也許就能滿足他一點點娛樂的需求。說不定他還能因此獲得一個難得的「戰場故事」，可以回去吹噓給其他警察同仁聽呢！

說到這個不尋常的藉口啊，FBI學院一位長官跟我說這個故事：有位警察正要對單行道逆向行駛的司機開罰單。這個違反規定的駕駛人突然天真地問說：「警官，你有沒有想過，也許是這個箭頭指錯方向嗎？」

跟我說這故事的人向我保證說這是真的，而且後來也沒開罰單；大概算是對這個創意的獎勵吧！不過就像里普利（Ripley）說的：信不信由你！

不過不管你想做什麼，都不要一直坐在車裡，以免在警察詢問你時，給他們帶來麻煩。也永遠不要硬充大爺或男子漢的樣子說什麼：

「想開單就開啊！我會跟你一直戰到最高法院！」

「我要讓你知道，我是一個有錢有勢的人。」

「那是測速雷達的錯，你知道的。就科學而言，你那個儀器一點都不準確。」

在這種情況下，女性作為談判者也許比男性更有效。雷達測速抓到超速汽車時，並不知道司機的性別，但統計數字顯示，每千名駕駛人收到的超速罰單，女性比男性少二五％。

大多數女性停下車之後，好像都在遵循我們之前談到的技巧。她們下車時看來就是很後悔，個個表現得很友善，希望從個人化的層面和警官建立聯繫。我猜這二五%的差距，應該都是發生在男性警察身上。然而，就算執法部門的女性人數不斷增加，我也不認為這個統計數據會有太大變化。因為在這種狀況下，仍是女性更擅長表現出「個性化」的一面，我們還是面對現實吧！

## 案例②

你要在六個月之內，從聖荷西搬遷到舊金山，找回你之前留在那兒的懷念。在花很多時間尋找高層公寓之後，你總算找到一棟非常適合你家庭的公寓。問題是這套公寓很搶手，有三十位租客排在你前面。你雖然很想從名單上的第三十一位即刻上升到第一位，但這似乎是個不可能的任務。你能怎麼辦呢？你要怎麼獲得你想要的結果？

直接去找頭號人物，最後決策者：公寓大樓的主管。這件事，只能他說了算。帶上你太太和孩子。叫孩子們一定要守規矩，如果有必要，先給他們一點甜頭，當作是「爸媽的賄賂」。我建議的只是合理的穿著、適當的舉止和講究禮儀，包括孩子在內的任何人都不必做得太超過。換句話說，也沒人指望這套公寓要租給肯尼和芭比這對完美的塑膠娃娃。

關鍵是你要表現出像個負責任又穩定的合適租客，讓人樂意接受。各位請記住，被選中的家庭會成為這位主管的鄰居，在租約期間都要跟這個群體為伍。根據過去經驗，他知道所選擇的租戶可能會帶來難以言喻的苦惱，或者也許可以豐富他的生活。因此要盡可能多了解他和他的家人。同時，確保他能看見你在三度空間所展現的個人化面向。

我們要先禮貌地要求查看這套準備出租的公寓。他要是反駁說：「對不起！你前面還排著三十個人！」也不要因此就被嚇倒。你要跟他解釋你走了多久的路，強調你想看房子的理由：「我知道我們沒有太大機會，但我們能不能先大致看看它的樣子呢？」

就算你看不到那套公寓（也許裡面還有住人），也要請管理人讓你看看任何一套公寓。最後要是不得已，就看看管理員那套公寓如何？各位在這段時間要恰當地表達機智、同理心、禮貌、體貼、堅持、親切和關心。

從那天起，不管你什麼時候在這附近，都要順道去拜訪這位管理人先生。就算他直接跟你說你沒希望，也要保持這些聯繫。

當管理人也在你身上投入許多時間，聽你詳細說明你的狀況，不要吝於向他傾訴並徵求他的意見。仔細說明你在哪裡工作，你的工作類型、你屬於哪些組織，平常都幹些什麼，還有你的愛好和興趣。照這樣子做下去，直到那位管理人了解你幾乎就像他了解自己家人一樣。

拜你多多個性化表現的努力，一旦公寓出現空缺時，會發生什麼事呢？管理人會先查看排隊清單。他會先看看排頭第一個名字，但只是看看而已。看吧！現在那個名字就只是一個沒有臉孔的名字。他現在可以選擇的是，把公寓租給一個他一無所知、沒有感覺的人……或者是把公寓租給你，因為他對你很了解。就我們之前所說的：「已知的魔鬼總比未知的好！」

各位很可能就能從第三十一位躍升到排頭。這是因為管理人也投入了時間，對你也有所認同，所以你才會租到那套公寓。這就是你把他的選擇過程加以個性化（當然，這種技巧只適用於管理人有權做出選擇的情況。如果是其他狀況，你就必須採用不同的談判技巧）。

## 案例③

我家老二史蒂文即將進入高中的最後一年，他制定一套盛大的暑假計畫，準備搭便車穿越美國。如他所言：「這會是個很棒的經驗，也不必帶太多錢、太多衣服。」

不用說，他的爸媽完全反對這個想法。我們提出一些對於沿路搭便車旅行常見的反對意見：這樣對生命安全很危險啦、在某些地區甚至是違法行為，一路上會碰上什麼人或什麼事都難以預測。但是經過一番討論之後，他運用邏輯跟我們講道理，一一駁斥這些論點。

事至如此，我們提出一個自以為必勝的說法。「好吧！」我們說：「可是沒人會讓你搭便車的。現在的人都不再接受搭便車的人啦！」

讓我們驚訝也讓我們沮喪的是，這個問題，史蒂文也想到了。他在本地加油站買好一個汽油桶，把它清得一乾二淨，然後把裡面改造成一個小型行李箱。他這趟全美之旅，顯然不是青少年一時興起的胡言亂語，而是計畫周詳的目標。

後來又經過幾個月的討論和爭辯，我們只好選擇「善意的忽視」，讓他去追求他的夢想。等到他安全回家以後，談到的第一件事就是路上很容易就找到便車可搭。

史蒂文說，他攔到的第一輛車為接下來的事情樹立榜樣。那個司機跟史蒂文在路上行駛了幾英里後才對他說：「你走了很遠的路才找到汽油吧！」

史蒂文回答說：「喔，我其實沒有車子啊。這個汽油桶是我的旅行箱。你不覺得這樣更容易搭到便車嗎？」

他說這樣通常會引起司機的大笑，接下來就是友善而內容豐富的對話。雖然豎起大拇指搭便車，確實存在相當大的風險，但以他的狀況來說，效果反而非常好。透過那個「汽油桶」，他表現出自己的與眾不同，讓他跟一般的便車客有了區隔。路過的司機都會感到同情想幫他一把，雖然只是個誤解，但這個認同心理提升了給他一臂之力的意願。

## 案例④

現代生活中，讓我們每個人被當做是統計數據的工具之一，就是電腦。各位有沒有收過電腦寄送的錯誤信件、帳單或報表？如果有收過，就會知道要跟機械談判有多麼困難。不管你是打電話或寫信，你的這個對手對你的請求視而不見、充耳不聞。

要怎麼獲得你想要的更正資訊呢？

首先，讓我們處理一下你在更正資訊時會收到的一張通知，那是長方形的電腦打孔卡片，上面印有「請勿折疊、撕裂或毀損」字樣。解決辦法很簡單。你就拿把剪刀或用一支原子筆，直接在卡片上再戳它一兩個洞。這卡片原本是在運用正當性的力量，所以你在違反禁令時不妨好好享受一下，自己發揮創意。然後把你想要的改變寫在卡片上，再把卡片寄回去。

當你這張卡片經過處理系統時，因為上頭有你的創意傑作，電腦會拒絕接受，改採人工手動處理。如果他們的紀錄資料證明你想要的更正是合理的，他們就會直接進行更正。

其次，是以信件或聲明形式的電腦錯誤通知的處理方式。這種狀況要打電話到該組織，與客服人員對話請他處理你的錯誤紀錄。在大多數狀況下，你想要的更正就能達成。萬一下個月還是出現同樣錯誤呢？如果發生這種情況，請向與你對談的客服發送一封「個人化信件」，並發送副本給他們的上級和組織中的高層人員。這些人的名字很容易從祕書或電話轉接人員那裡獲得。

這兩種方法的核心，都是找到一個會把你看做是獨特個人的真正員工，由他來幫助你。

## 案例⑤

這個故事是我家女兒雪倫說的。她參加國際學生交流計畫，在法國家庭住了一個夏天。招待住宿的法國人經營小型農場，在那裡種植甜瓜。

農場常常接到客人打電話來，想用批發價格買甜瓜。這些要求一概遭到拒絕。

有一天，有個大概十二歲的少年找上門來，也提出類似要求。他們也給他同樣的回答。儘管如此，這個年輕人還是不肯放棄，農場主人忙著處理事情，他就跟在旁邊拚命糾纏。在聽了這孩子將近一個小時的人生經歷之後，農場主人在甜瓜地裡停了下來。

「好了啦！」他對男孩說：「你只要用一法郎就可以買那個大的瓜。」

「可是我只有十生丁。」男孩懇求道。[1]

「喔，那我們看看，用這個價格的話，」農夫會意地笑著，對雪倫使使眼色：「只能買那邊那個小青瓜如何？」

**譯註1** 生丁等於法郎一分錢。

「好！我買那顆瓜。」他說：「不過請先保留原狀，先不要砍下來。兩週後我弟弟會來取貨。你看，我只負責做採購。他要負責運輸和送貨！」

## 案例⑥

假設你住在一個位置理想的公寓。但現在一月中旬，你家沒有獲得足夠的暖氣，連家裡的貓都在發抖。

你應該向管理員、大樓經理或房東投訴嗎？也許你已經投訴過了，但沒有得到回應。各位到現在，應該也知道我不鼓勵任何人採用發脾氣或咄咄逼人的方式去溝通。你不能只是「抱怨」，而是要讓別人知道你的需求和狀況。這個過程要是表現太過強硬，你家暖氣不足的問題，反而會轉變成你態度不佳、舉止失當的問題。

在這個範例中，重要的是確定別人家是否也是室內太冷。房東是不是節省暖氣供應來增加投資報酬？如果是這樣的話，就要讓所有房客聯合起來抗議，才能免除惡房東占便宜。基本上，這是要運用承諾的力量。

不過，且讓我們把這個問題變得更難一點。不知道為什麼，室內太冷的問題只限定你家。你才是唯一受影響的人，也幾乎嘗試過所有的方法，打電話、寫信給政府機關和地方電台抗議呼籲改善，結果都無濟於事！

這裡的狀況非常嚴重，你也已經用盡一切合理的辦法。但在繼續採取行動之前，請確定誰該對這種持續狀況負責。為了討論方便，我們就說是不在場的屋主吧。

現在找到他住的地方。出乎意料的是，你在某個星期天拜訪他家，當時他的太太和孩子也都在場。這時要以關心、討喜和低調的方式來談判，絕對不要指責他輕忽失責，一旦讓他在家人面前丟面子，他會生氣。各位可以這麼說：「你看，這就是我的狀況。我知道你並不曉得，否則你也不能容忍。我家裡還有一個生病的孩子，可是室內溫度只有十六度。你認為問題在哪兒？是暖氣管道故障還是阻塞？我該怎麼辦呢？我知道你可以幫我！」

如今事情鬧開了，在他家人面前，他大概就不會繼續忽視你的困境。除此之外，你也不再只是二〇三號公寓的住戶，而是有血有肉有需求的「個人」。

對於各種特定談判的狀況，並沒有放諸四海皆準的通用方法。特定事實組合也只會在特定時間出現。不過，還是有些一般原則，始終適用。

各位請記住以下兩點：

1. 如果不把對方當人看，我們都很容易攻擊他人。
2. 不要讓自己變成冰冷的統計數字：只是一粒無名無姓的沙子，輕易地從某人指縫滑落，消失在地板裂縫中。各位不要像《齊瓦哥醫生》中的拉娜，只是成為「失蹤名單上的一個無名數字」。大家不會在意統計數字在想什麼——「所以四六三號說他有問題？誰在乎？」

雖然我們深入討論至此，還是要對這種方法再次提出警示。各位必須知道，任何有效的方法做到極端就不再有效，反而可能變成徹底的荒謬。因此，多少有點節制，才會有幫助。

不久前，有人告訴我一個有趣的故事，我想在這裡跟大家分享。有位新上任的神父第一次主持彌撒時非常緊張，幾乎說不出話來。後來他去見上司蒙席神父（monsignor），請他指導。

蒙席神父對這個請求很感高興，他用手臂搭著年輕神父肩膀說：「為了吸引信眾，你要讓《聖經》活起來。你的信徒必須能看見那個時代和那些事件，就好像它們是發生在今天一樣。請記住，耶穌的救贖是針對人性的救贖。祂的使命是解放人類而不是統治人類。」

「換句話說，」蒙席神父靠得更近些說：「要讓信眾感受到個人化的體驗。運用他們的語言把話說出來，就像年輕人說話那樣。」

年輕神父熱情地點頭，鼓勵上司繼續說下去。

年輕人的態度讓蒙席神父印象深刻，他忍不住提供最後一條經驗豐富的建議。他招呼年輕神父靠過來，低聲說道：「就是啊，你要是在水杯裡加點伏特加或杜松子酒，可能會幫助你放鬆一點。」

到了禮拜日，年輕神父按照上級的指導，這次主持彌撒非常自在，口若懸河。不過他注意到，坐在信眾後方的蒙席神父一直在做筆記。

彌撒結束後，他衝到上司那裡，急切地希望獲得更多明智建議：「那麼，我這次表現得怎麼樣？」

「不錯啊！」蒙席神父說：「不過有六件事情，你以後要注意一下。」

然後他把筆記交給年輕神父，內容如下：

1. 十誡就是十誡，不是什麼「十大排行榜」。

2. 十二門徒就是十二門徒，不叫做「一票兄弟」。
3. 大衛殺死巨人葛利亞，但他沒有「鞭打他的屁股」。
4. 耶穌基督就是耶穌基督，不叫做「已故的JC」
5. 下個禮拜日是在聖彼得教堂舉行拉太妃糖比賽，不是「在聖太妃堂舉行拉彼得比賽」。
6. 聖父、聖子與聖靈，不可以說是「大老爸、小弟弟和幽靈」。

道德教訓：雖說不要咬文嚼字，但做事也要看狀況，要始終保持適度。

長期擔任芝加哥市長的已故戴利（Richard J. Daley），大概也是最會運用「個性化力量」的人物。讓我把他的方法和當代大城市管理者，紐約前市長林賽（John Lindsay）來進行對比，以描述戴利的性格。

在我看來，林賽可說是紐約有史以來最帥的市長。他身材結實，臉部輪廓分明，下巴方正，要在媒體或演藝事業上有所表現都是輕而易舉。他也是這座城市有史以來長得最高大的市長，不過這也不能代表什麼。他的衣著無可挑剔，說起話來滔滔雄辯。他說話聽起來甚至不像來自紐約，光是這一點就讓他有資格成為紐約市長。林賽似乎擁有一切。

林賽也是個心存善意的正派公務員，但他實現了他的目標嗎？一點也沒有，為什麼呢？因為他雖然很有魅力，卻沒有突出的個性。他總是以紐約市為身分來進行談判。他常常這麼說：「紐約市希望你履行你的承諾。」你認為像工黨領袖奎爾（Michael Quill）這樣的人，會關心這種虛無飄渺又抽象的說詞嗎？（他最愛裝傻，把市長的名字說成「林德失利」〔Lindsley〕）大都會的紐約市實在太大了嘛，我們這種有限的腦袋也無法理解。對奎爾來說，這就跟大英帝國叫他怎樣怎樣一樣，沒什麼差別。

反觀戴利是個小個子，身材就像顆橢圓形的蛋。他那副身材再怎麼減肥，也還是又矮又胖。他身上穿的是已經過時三十年的老西裝。他的公開發言，文法錯誤百出。

有一次他為一間新學校剪彩，說要把這幢建築獻給「最陳腔濫調[2]的學習」。後來他的親信遭到司法起訴時，他仍為對方辯護說：「我們一輩子都是兒時玩伴。」他對於反越戰抗議熱潮視而不見：「我認為我們國家再怎麼分裂，也沒有比內戰期間

**譯註2** platitudes：原本可能是想說「prestige」好名聲。

更嚴重。」他還曾經對一群企業高級主管提建議說：「今天，真正的問題是未來。」

後來一九六八年民主黨全國代表大會的群眾示威，據報是警察首先挑釁，戴利出面反駁說：「警察不是來製造混亂的，他們是來維持秩序的！」之後引發媒體痛批。

再後來，新聞報導忠實地引用戴利的發言，他的新聞主任布希（Earl Bush）反而指責媒體。「這該死的胡亂報導，」他對聚集的記者說：「你們應該引述市長的意思，而不是他說的話嘛！」（不知為什麼，大家都明白了）「市長大人」（Hizzoner）甚至自己也指責媒體：「你們譴責我、你們抹黑我，你們甚至批評我。」

戴利的外表和發言屢次出錯是缺點嗎？剛好相反。這些缺點讓他變得有人性，讓人更喜歡也更有吸引力。他在芝加哥還是很受人尊敬，在當地簡直都快達到封聖的地步。

去年秋末，我在芝加哥奧哈爾機場的飛機上等待起飛。我的鄰座問說：「外面在下雪啦？」我看了看窗外，向他確認是下雪了。結果他這麼回答我：「你知道吧，以前戴利在世的時候，從來不會這麼早就下雪！」

這位市長去世後，安葬在芝加哥某個小墓園的一角。但是這個墓園年復一年，都有成千上萬的遊客前來朝聖，到他最後安息之地致上敬意。事實上因為太多人前來致敬，墳丘周圍已經被朝聖訪客踩出一圈凹窪，凸顯墳丘更加崇隆。為什麼還有這麼多人前來瞻仰呢？據我們所知，大家還是來這裡尋求幫助，而且他還能回應眾人的期待！

為什麼直到今天，芝加哥的管理者和企業界人士還是宣稱「戴利是我們的朋友；他真的很懂生意」呢？為什麼勞工代表還是說「戴利真的很了解工人和他們的需求！」為什麼他可以同時搞定勞資雙方，讓勞資都以為戴利跟自己站在一起呢？因為他跟林賽不一樣，戴利都是以個人身分參與談判。他從來不把自己看做是民主黨的全國委員會，或自以為是民主黨或芝加哥市來進行談判。他心裡明白，這樣的虛擬概念太抽象。所以，他總是以個人身分來一一接觸對談的每個人，要求他們親自對他作出承諾。

例如，他會這樣說：「約翰……告訴我，你會這樣做。我都指望你啦！你的承諾，我也跟我太太說了。你不能讓我失望啊！你知道我念《玫瑰經》還為你祈禱呢？今天早上我甚至為你點了一根蠟燭！你看……我手指上還有蠟油！」

這就是「個性化的力量」！

現在我們即將完成討論，我相信這段旅程的結束，就是各位人生解放與收穫階段的開始。我們在這個世界上都扮演著一個角色，一個在此生存的理由。然而，如何找到自己的角色以及指引未來，卻都要靠你自己。

我們每一個人都是透過自己的努力，來決定自己的命運。我們接受這個責任，不僅是為了自己，也是為了我們所有人。我們都有能力改變自己和他人的生活。不要放棄發揮能力，或者只是等待他人來採取行動。我們都可以得到自己想要的，而我們想要的一部分也應該是沿路幫助他人。

要讓自己和他人都能有美好的生活，就不該只是被動消極的存在。我們對生活應該是自助且助人的熱切參與。

請允許我用威廉・史岱隆（William Styron）在《蘇菲的抉擇》（*Sophie's Choice*）中的一段話作為本書的結尾：

> 關於奧斯維茲集中營，最深刻的陳述不是陳述本身，而是回答。問題：「告訴我，在奧斯維茲，上帝在哪裡？」

答案是：「人又在哪裡？」

**〔談判提醒〕**

- 如果想要進行有效的談判，千萬不能讓對手方把你看成是一個統計數字、一件東西、商品或商業物件。要表現出自己是敏感脆弱卻獨一無二的「個人」，如此一來，反而更有可能得到你想要的結果。
- 為了讓談判者發揮最大影響力，我們不管是跟誰交涉，對於自己及整個狀況，都必須表現出個性化的一面。

TOP
022

# 萬事好商量

## 全球最傑出的談判專家教你如何得到你想要的

You Can Negotiate Anything: How to Get What You Want

作者　賀伯・科恩（Herb Cohen）
譯者　陳重亨

責任編輯　魏珮丞
執行編輯　游壁如
封面設計　萬勝安
內頁排版　JAYSTUDIO
總編輯　魏珮丞

出版　新樂園出版／遠足文化事業股份有限公司
發行　遠足文化事業股份有限公司（讀書共和國集團）
地址　231 新北市新店區民權路 108-2 號 9 樓
郵撥帳號　19504465　遠足文化事業股份有限公司
電話　（02）2218-1417
信箱　nutopia@bookrep.com.tw

法律顧問　華洋國際專利商標事務所　蘇文生律師
印製　呈靖印刷
出版日期　2023 年 07 月 19 日初版一刷
2024 年 07 月 05 日初版二刷
定價　450 元
ISBN　978-626-97052-4-5
書號　1XTP0022



國家圖書館出版品預行編目（CIP）資料

萬事好商量：全球最傑出的談判專家教你如何得到你想要的 / 賀伯．科恩（Herb Cohen）著；陳重亨譯．-- 初版．-- 新北市：新樂園，遠足文化，2023.07
352 面；14.8 × 21 公分．--（Top；022）
譯自 :You can negotiate anything : how to get what you want

ISBN 978-626-97052-4-5（平裝）

1.CST: 談判

177.4　112010836

新樂園 Nutopia

・新樂園粉絲專頁・